Ingrid Tropp Erblad

Katze fängt mit S an

Aphasie oder der Verlust der Wörter

Aus dem Schwedischen übersetzt
von Hildegard Kaps

Fischer
Taschenbuch
Verlag

Lebenskrisen · Lebenschancen
Lektorat: Anke Rasch

Die erste Ausgabe dieses Buches in deutscher Sprache erschien 1985 als Fischer Taschenbuch (Band 3293).

4. Auflage: April 2001

Veröffentlicht im Fischer Taschenbuch Verlag GmbH, Frankfurt am Main, August 1994

Die schwedische Originalausgabe erschien unter dem Titel: ›Katt börjar på S‹ bei Bokförlaget Natur och Kultur, Stockholm

Druck und Bindung: Clausen & Bosse, Leck
Printed in Germany
ISBN 3-596-12397-6

Ich danke Lisebergs Kulturfonds und der Königlichen Gesellschaft Pro Patria für die Stipendien, die ich bekommen habe und die mir die Möglichkeit gaben, mich auf das Schreiben dieses Buches zu konzentrieren.

Ingrid Tropp Erblad

Für Hanna Ulrika

Jedes Wort, das ich gesprochen,
jedes Wort, das ich gelesen,
und jedes Wort, das ich geschrieben habe,
war für mich ein Schritt
auf meinem Weg zurück.

1

Als ich an jenem Morgen aufwachte, fühlte ich mich gut. Ich war in bester Stimmung. Fand es schön, daß die Operation vorüber war. Daß ich keine Schmerzen hatte. Und daß ich heute wieder sitzen durfte.
Ich lag auf der Intensivstation, im Kontrollsaal, wo die Patienten nie alleingelassen werden. Jetzt war es sechs Uhr, und die Nachtschwester hatte gerade angefangen, die Fieberthermometer auszuteilen. Ich wartete, bis sie damit fertig war. Dann bat ich sie um ein Becken.
Im nächsten Augenblick wußte ich, daß etwas passiert war. Was ich gesagt hatte, waren keine richtigen Wörter, es war ein Sammelsurium von Buchstaben, sinnlos durcheinandergeworfen.
Die Schwester sah mich an. Was hatte ich gesagt? Sie kam an mein Bett, und ich versuchte, die Wörter zu wiederholen. Aber was ich sagte, war nicht mehr zu verstehen.

Nachträglich wundere ich mich, daß ich nicht in Panik geriet. Ich konnte mich ja nicht mehr verständlich machen!
Aber alle um mich herum waren ganz ruhig. Die Nachtschwester hatte die Stationsschwester gerufen, diese wiederum den Stationsarzt. Alle bemühten sich, meine Fragen schon zu beantworten, ehe ich sie überhaupt gedacht hatte. Ich sollte nicht merken, daß ich nicht mehr richtig sprechen konnte, bevor ich eine beruhigende Erklärung dafür bekommen hatte.
Ich erfuhr, was geschehen war. Während der Nacht habe sich irgendwo in meinem Gehirn eine Schwellung gebildet. Diese Schwellung sei schuld daran, daß ich die Wörter nicht mehr aussprechen könne. Das sei nichts Ungewöhnliches, sagten sie, und es werde schnell vorübergehen.
Eine Stunde später kam das Tagespersonal. Anna, ein junges Mädchen, dem ich am Tag zuvor geholfen hatte, eine Bewerbung zu schreiben, machte das Bett der Patientin neben mir. Anna und ich hatten uns etwas angefreundet. Aber nun tat sie so, als sähe sie mich nicht.
Ich versuchte, ihren Blick einzufangen. Doch sie wich mir aus und widmete sich verbissen dem Bettenmachen.
Da wurde mir klar, daß sich seit gestern noch mehr verändert haben mußte. Ich war, von außen betrachtet, nicht mehr der-

selbe Mensch. Gestern formulierte ich Annas Bewerbung und redete ihr gut zu. Heute war ich ein Mensch ohne Sprache! Einen kurzen Augenblick lang sah ich mich selbst mit Annas Augen. Wie verhält man sich gegenüber einem Menschen, dem die Wörter fehlen? Wie denkt ein solcher Mensch? Kann man überhaupt denken, wenn man keine Wörter hat?
Ich begriff, daß Anna traurig war und Angst hatte. Nun war auch ich traurig. Und hatte Angst.

2

Bevor ich anfange zu beschreiben, wie einem zumute ist, wenn man seine Sprache verliert, muß ich vielleicht ein wenig von mir selbst erzählen.
Ich bin 1932 geboren und bekam nach und nach sechs jüngere Geschwister. Zuerst fünf Brüder. Dann endlich eine Schwester. Meine Mutter hatte sie sich sehnlichst gewünscht, seit sie ihre älteste Tochter verloren hatte. Sie war an einer Lungenentzündung gestorben.
Daß meine Schwester 1938 an einer Lungenentzündung starb, obgleich schon seit mehreren Jahren Sulfonamide verordnet wurden, zeigt den großen Unterschied zwischen Stadt und Land zu jener Zeit. Der Arzt, der meine Schwester behandelte, ließ sie in Fettwatte packen und dachte nicht daran, Sulfonamide zu verschreiben.
Meine Eltern waren Bauern. In mancher Beziehung hatte ich eine gute Kindheit. Ich lebte inmitten einer Welt, die von Tieren, vom Wetter und von den Jahreszeiten bestimmt wurde. Es war ein einfaches Leben. Wir mußten morgens früh aufstehen, damit die Tiere ihr Futter bekamen. Wir mußten arbeiten, weil es sonst keine Ernte und nichts für uns zu essen geben würde. So einfach sah das Leben für ein Kind aus, das in den 30er Jahren auf dem Lande wohnte.
In meiner Welt gab es nur uns. Wir arbeiteten mit den Händen. Im Dorf und in der Stadt gab es die anderen. Sie arbeiteten mit dem Kopf. Darüber brauchte man nicht zu diskutieren. Das war eben so.
Manchmal kamen Stadtbewohner zu uns aufs Land heraus. Wir zeigten ihnen die Ställe, und sie bewunderten die süßen Kälber und die schönen Pferde. Ich erinnere mich an eine Frau in geblümtem Kleid und hochhackigen Schuhen. Sie meinte, wir

müßten den Ferkeln Seidenbänder um den Hals binden. Sicher hatte sie Marzipanschweinchen mit roten Seidenbändern gesehen. Das aber hatte ich damals noch nicht. Für mich war der Gedanke ganz neu.
Ich kann vier Jahre alt gewesen sein, als ich auf dem Hofplatz hin- und herging und über jene andere Welt nachdachte, in der man Ferkeln Seidenbänder um den Hals legte. Mein Vater lachte nachher darüber, und ich begriff, daß er die Frau für dumm hielt. Das tat ich nicht. Ich hatte in eine Welt geblickt, in der Ferkel nicht nur Wurst und Koteletts bedeuteten. Es war eine neue, andersartige Welt.

3

Immer wenn ich versuche, mich an Ereignisse aus meiner Kindheit zu erinnern, wird mir bewußt, wie oft wir Erwachsenen das Kind unterschätzen. Beschäftigen wir uns zum Beispiel mit einem Dreijährigen, versuchen wir alles aus der Perspektive des Kindes zu sehen. Um den rechten Kontakt mit ihm zu bekommen, beugen wir uns nieder. Wir konzentrieren uns auf Bauklötze und Puppen und betreten das, was wir für die Welt des Kindes halten, statt ihm etwas aus unserer eigenen Welt abzugeben.
Ein Kind denkt mehr und nimmt viel mehr Notiz von der Welt der Erwachsenen, als wir gemeinhin vermuten. Da es aber noch nicht gelernt hat, die Sprache zu gebrauchen, kann es nicht fragen und mit uns über seine Gedanken sprechen.
Ich erinnere mich daran, daß ich auf dem Fußboden sitze und spiele. Wir haben Besuch von einem Nachbarn. Das Bild steht deutlich vor mir, so klar und deutlich, daß ich es wie damals aus der Froschperspektive sehe. Das Gesicht des Mannes sehe ich nicht, aber die Füße und die Beine. Er ist sicher jung, zwischen 25 und 30. Für mich ist er sehr alt. Er sagt so etwas wie:
»Kinder behalten nichts. Was passiert, wenn man so klein ist, hat man später vergessen.«
Ich höre es und nehme mir vor, dieses hier niemals zu vergessen. Ich werde auch später immer noch genau wissen, wie es ist, so klein zu sein.
Damals war ich etwa dreieinhalb Jahre alt. Das Erlebnis ist mir ab und zu eingefallen, und ich habe es, 45 Jahre danach, immer noch nicht vergessen.
Kinder denken. Viel mehr, als man glaubt.

Eine weitere Erinnerung hat sich mir fest eingeprägt. Ich sitze am großen Küchentisch und blättere in »Stockholms-Tidningen«. Wir sollen wohl bald essen, denn es stehen Teller auf dem Tisch, und für die große Zeitung ist wenig Platz.

Meine Mutter arbeitet am Herd. Wir sind allein in der Küche, sie und ich. Ich gucke mir die Bilder an. Ganz unten auf einer Seite sehe ich einige große Buchstaben. Sie sind größer als alle anderen in der Zeitung und gehen über die ganze Seitenbreite.

Ich weiß nicht mehr, was ich dachte, als ich mich zu einem Experiment entschloß. Ob ich mir darüber klar war, wie es verlaufen und wohin es führen sollte. Ich erinnere mich nur noch an das Experiment selbst.

»Was bedeutet ein runder Ring?« frage ich.

»O«, sagt meine Mutter und guckt von der Seite in die Zeitung. Dann geht sie an den Spültisch.

Ich zeichne ein »S« in die Luft.

»Das soll wohl ein Ess sein«, sagt sie etwas geistesabwesend.

Ich verrate nicht, was ich vorhabe, sondern frage weiter. Nun muß ich die Zeitung hochhalten, damit meine Mutter sehen kann, was ich meine.

»Und was ist das hier?«

»Err«, sagt meine Mutter.

»Und dies und das?« frage ich schnell. Ich muß mich beeilen, solange meine Mutter noch auf die Zeitung sieht.

»A und Emm«, sagt sie.

Nun habe ich alle Buchstaben beisammen und im Gedächtnis gespeichert. Nun muß ich ausprobieren, ob es so ist, wie ich vermute.

Es stimmt nicht. Ein solches Wort gibt es nicht. Ich habe mich geirrt!

»O-Ess-Err-A-Emm – gibt es etwas, das so heißt?« frage ich sicherheitshalber.

»OSRAM«, sagt meine Mutter. »Ja, das gibt es.«

Weiter reicht mein Erinnerungsbild nicht. Ich entsinne mich nicht, daß ich von einem stürmischen Glücksgefühl über meine Entdeckung erfüllt war. Wahrscheinlich wurden meine Gedanken gerade da auf etwas anderes gelenkt. Vielleicht sollten wir nun essen.

Es gibt in unserem Gehirn einen kleinen Bereich, in dem die Symbole, die wir Buchstaben nennen, gedeutet werden. Dieser Bereich hatte jetzt eine Aufgabe erhalten. Ich hatte zu lesen angefangen.

4

Ich ging schon einige Wochen in die Schule, als man bemerkte, daß ich lesen konnte. Das war, als wir eine »lustige Stunde« hatten.

Die Lehrerin schlug vor, Märchen zu erzählen. Es war offenkundig, daß sie es gern sah, wenn ein Schüler sich nach vorn aufs Podium wagte. Ebenso offenkundig war, daß man die Gemeinschaft mit den anderen in der Klasse aufs Spiel setzte, wenn man etwas machte, das vom Üblichen abwich. Die Frage war also, worauf man setzen sollte. Auf die Obrigkeit. Oder auf die Klassengemeinschaft.

Ich entschied mich für die Obrigkeit, stieg aufs Podium und las ein Gedicht vor. Es handelte von Pelle, der von einem Land träumt, in dem die Häuser aus Marzipan und die Straßen aus Speiseeis sind.

Die Jungen kicherten. Die Mädchen sahen verlegen vor sich hin. Es schien ihnen peinlich zu sein. Die Lehrerin lobte mich.

Als sie fragte, wie ich das Gedicht gelernt hätte, antwortete ich, ich hätte es in einem Leihbuch gelesen.

»Du hast es selbst gelesen?« fragte sie erschrocken. »Warum buchstabierst du dann immer laut mit?«

Darauf konnte ich nicht antworten. Auch wenn es mir bewußt gewesen wäre, hätte ich es nicht sagen können. Mir fehlten die Wörter dazu.

»Von jetzt an wirst du lesen!« sagte die Lehrerin. »Man braucht sich ja nun wirklich nicht zu schämen, daß man lesen kann. Das wollen wir doch alle lernen!«

Da ich mich bei allem, was in den Pausen gemacht wurde, immer sehr ungeschickt anstellte, beim Ballspielen ebenso wie beim Seilspringen, und da ich überhaupt ein recht langweiliges Kind war, hatte ich keine Freundin. Ich blieb meistens allein. Auch daß ich lesen konnte, brachte mir keine Freunde ein.

Aber die »lustige Stunde« gehörte in Zukunft mir. Allmählich wurde sie geradezu beliebt.

Während der ganzen Woche bereitete ich mich vor. Um den Ansprüchen des Publikums zu genügen, wandte ich mich bald von den Leihbüchern ab und holte mir meinen Stoff lieber aus den Wochenzeitschriften.

Die beste Quelle war eine Zeitschrift namens »Zeitvertreib«. Ich durfte sie von einem alten Dorfschuhmacher leihen. Jede

Woche brachte sie eine Geschichte über Monsieur Lavals Schicksal und Abenteuer. Diese Geschichten benutzte ich oft, und wenn ich sie nicht spannend genug fand, legte ich etwas dazu oder ließ etwas aus.
Ich sprach »Monsieur Laval« genauso aus, wie er sich schrieb, und die Lehrerin war klug genug, mich nicht zu verbessern.

Die anderen Mädchen in der Klasse hatten Spaß am Werkunterricht. Sie schufen wunderbare Dinge, die an den Wänden aufgehängt wurden, damit die Eltern sie am Prüfungstag bewundern sollten.
Für mich war dieser Unterricht eine Qual. Meine Finger weigerten sich, die Häkelnadel richtig anzufassen, und meinen Topflappen konnte man unmöglich an die Wand hängen. Kein Mensch würde erkennen, daß es ein Topflappen sein sollte.
Meine Mutter war im Handarbeiten sehr tüchtig. Hätte sie nicht einen Bauern geheiratet, wäre sie Handarbeitslehrerin geworden. Als die Kinder größer wurden, begann sie Häkel- und Stickkurse zu geben. Ich wußte, daß mein gestörtes Verhältnis zur Häkelnadel ein Handicap für sie war. Meine Machwerke mußten so rasch wie möglich verschwinden, damit nicht allgemein bekannt wurde, wie ungeschickt ich war.
Meine Aufsätze wurden nie in der Schule an die Wand gehängt. Es las sie auch keiner, wenn ich sie mit nach Hause brachte. Aber die Lehrerin las sie. Von ihr kam die Anerkennung, die ich brauchte. Ich begann, mich nach einer anderen Umgebung zu sehnen. Nach einer Umgebung, in der man mit dem Wort umging wie meine Mutter mit dem Garn.
Als ich zehn Jahre alt war, hörte ich im Radio, wie Katie Rolfsen unter dem Lachen und Jubeln des Publikums »Barnatro« (»Kinderglaube«) sang. Ich glaubte an Gott. Für mich war Gott etwas Ernstes, nichts, worüber man lachte. Ich schrieb ein »Eingesandt« und schickte es an »Stockholms-Tidningen«.
Das Eingesandt erschien. Es war unterzeichnet mit »Empörter Zuhörer« und forderte neue Briefe heraus, dafür und dagegen. Es kam fast zu einer kleinen Diskussion.
Die Wörter erlangten immer größere Bedeutung in immer mehr Zusammenhängen. Mit Wörtern zu spielen, war das schönste, was man tun konnte, das einzige, was mich wirklich befriedigte.

5

Welche Ereignisse es sind, die in unserem Leben zur Wegscheide werden, wissen wir meistens erst hinterher. Es können die alltäglichsten Dinge gewesen sein, durch die alles so wurde, wie es wurde.

Möglich, daß die OSRAM-Anzeige für mich eine solche Wegscheide war. Vielleicht kam sie mir gerade in dem Augenblick unter die Augen, in dem ich bereit war, das Geheimnis des Lesens zu ergründen. Wären die Buchstaben nicht so groß gewesen, hätte ich wohl nicht versucht, sie zu erlernen. Im nächsten Augenblick wäre es vielleicht zu spät gewesen.

Vielleicht wäre ein solcher Augenblick dann erst nach Jahren wiedergekommen. Dann hätte ich noch nicht lesen können, als ich zur Schule kam. Dann hätte ich nicht so viel Ermunterung erfahren. Dann hätte ich vielleicht später nicht einmal mit dem Schreiben angefangen, sondern mich mit etwas anderem befaßt.

Ich streiche all diese »Vielleicht« und stelle einfach fest, daß die Dinge so sind, wie sie sind. Wegscheiden lassen sich immer erst hinterher erkennen. Oft nicht einmal dann.

6

Es war selbstverständlich, daß ich lernhungriges Mädchen weiterlernen mußte. Im Jahr vor meinem Volksschulabschluß eröffnete das Nordische Korrespondenz-Institut NKI im Gemeindezentrum eine Realschule. Dort sollte ich anfangen.

Aber als das Frühjahr kam und Anmeldungen erwartet wurden, meldete nur ich mich an. Für ein einziges Kind konnte NKI keinen Kursus einrichten.

Die eine oder andere Persönlichkeit aus der Gemeinde wandte sich an meine Eltern, um sie darauf aufmerksam zu machen, daß ich weiter zur Schule gehen müßte. Der Pastor meinte, ich sei ein braves Mädchen und sollte Lehrerin werden. Aber keiner hatte eine Ahnung, wie das zu erreichen war.

An einem Sommernachmittag radelte ich mit meiner Mutter zum Volksschullehrer. Er war sicher über alle Ausbildungsmöglichkeiten im Bilde, und wir wollten mit ihm über meine Zukunft sprechen.

Der Volksschullehrer hatte sich vorbereitet und Prospekte über

die Ausbildung besorgt, die er uns empfehlen wollte. Ich sollte, meinte er, einen Fernkursus bei »Hermods« mitmachen und mich zur Kontoristin ausbilden. Zunächst würde ich lernen, mit der Maschine zu schreiben. Der Lehrer erbot sich, uns zu helfen und jeden Monat die 25 Kronen für den Kursus zu bezahlen. Ich sollte dieses Geld leihweise so lange erhalten, bis ich nach Kursende in die Welt hinausgehen und für mich selbst sorgen könnte.
Sicher war es von meinem Lehrer sehr nett, daß er mir finanziell helfen wollte. Trotzdem fühlte ich mich nicht glücklich, als wir heimradelten. Zu Hause zu sitzen und mich zur Kontoristin auszubilden, war nicht das, was mir vorgeschwebt hatte. Ich hatte gehofft, auf irgendeine Schule zu kommen. Aber eine Alternative war uns nicht geboten worden, und der Volksschullehrer wußte es bestimmt am besten.
»Hermods« schickte eine große Schreibmaschine, die »Underwood« hieß. Außerdem bekam ich einige Kursbriefe, und so fing ich an.
Es war mörderisch langweilig, und ich tat nichts von dem, was in den Briefen stand. Ich benutzte nicht den Abdeckschirm, den ich beim Üben über die Tasten legen sollte, und lernte auch nie die richtige Fingerhaltung. Ebensowenig schrieb ich die geschraubten Geschäftsbriefe ab. Aber ich lernte, schnell zu tippen, denn ich benutzte die Maschine fleißig für meine eigene Schreiberei.

Der Kursus bei »Hermods« wurde nie abgeschlossen, und ich wurde nie eine fertig ausgebildete Kontoristin. Statt dessen zog ich in die Stadt und bekam einen Arbeitsplatz im Büro. Am liebsten schrieb ich Mahnbriefe. Ich begann sofort, sie zu verändern. Statt »Bei Durchsicht unserer Buchungsunterlagen ...« schrieb ich jedem Kunden einen persönlichen Brief. Die Empfänger waren meistens Bauern aus der Umgebung, und ich kannte ihre Sprache.
Meine Mahnbriefe waren das einzige, was mein Arbeitgeber an mir schätzte. Mehr Kunden als sonst bezahlten jetzt ihre Rechnungen, und manche dankten, wenn sie zu uns hereinkamen, für den netten Brief.
Im übrigen wurde ich oft dabei ertappt, daß ich in einem Buch las, das unter den Buchungsunterlagen versteckt war.
Abends bildete ich mich mit NKI fort. Das heißt, ich führte jahrelang eine intensive Korrespondenz mit Lehrern, die ich

nie zu Gesicht bekam. Von denen ich nicht einmal den Namen wußte, die ich aber rasch an ihrer Handschrift und an ihrem Zeichen wiedererkannte.
In der Erinnerung erscheinen mir diese Jugendjahre als eine endlos lange Reihe von Abenden, die ich über Kursbriefe gebeugt zubrachte. Als eine Zeit, in der jeder freie Abend mit einem schlechten Gewissen verbunden war. Der einzige »persönliche« Kontakt mit der Schule bestand in vervielfältigten Ermunterungsschreiben, die ich immer dann erhielt, wenn ich nahe daran war, alles aufzugeben.

7

Man nimmt sich den Gedanken, der einem am meisten behagt, pflegt meine Freundin aus Schonen zu sagen.
Mir behagt folgender Gedanke: Vermutlich wäre ich jetzt Lehrerin, wenn ich es in meiner Jugend etwas leichter gehabt und zum Beispiel eine Volkshochschule besucht hätte. Es wäre schade um die Kinder und auch schade um mich gewesen. Eingeengt durch Schulverwaltung, Lehrplan, Fächer und Konventionen hätte ich nun wohl hier gesessen und über die Jugend gejammert.
Wenn man so denkt, entgeht man in jedem Fall der Gefahr zu verbittern. Und es erleichtert einem den weiteren Weg.
Während ich dieses schreibe, sitze ich in meiner Kate in Bohuslän. Ich mache eine Pause und stelle den Fernseher an.
In Bohuslän empfängt man Norwegen, und ich habe den norwegischen Sender erwischt. Am Mikrophon sitzt Lars Ulvenstam mit einem Bericht über Selma Lagerlöf. Er schildert, wie glücklich sie war, daß sie schreiben konnte. Und er erzählt von einem Gespräch, das sie einmal mit einer Freundin hatte.
»Ich glaube, du bist der glücklichste Mensch der Welt«, sagte die Freundin.
Selma fand das zumindest übertrieben und antwortete: »Was würdest du sagen, wenn du ein Gebrechen hättest?«
Selma Lagerlöf hinkte.
Doch dann setzte sie hinzu:
»Aber dieses Gebrechen hat mich zum Stillsitzen gezwungen. Ohne das hätte ich vielleicht einen Hüttendirektor geheiratet.«
Ich landete in einem Büro und schrieb Mahnbriefe. Das führte

mich ganz allmählich zu einem Arbeitsplatz, an dem ich meine Fähigkeit, mit den Wörtern umzugehen, wirklich nutzen durfte.

8

Ich arbeite schon mehr als zwanzig Jahre in der Werbung. Als ich krank wurde, war ich bei einer Werbeagentur angestellt, die »Svenska Telegrambyrå« hieß. Das Büro hatte nichts mit Telegrammen zu tun. Wir machten Kampagnen: Anzeigen, Broschüren, Plakate und andere Werbung, die Waren wie Autos, Lebensmittel, Medikamente, Schuhe verkaufen sollte. Wir hatten auch Auftraggeber im öffentlichen Bereich, und diese Arbeit interessierte mich am meisten.
Ich bin Texterin. Das bedeutet: Schreiberin von Werbetexten. Der größte Vorteil eines solchen Berufs ist es, daß man ständig gezwungen wird, in neuen Bahnen zu denken. Unaufhörlich gilt es, Probleme zu lösen. Wie soll ein neues Produkt eingeführt werden? Wie kann man den Verkauf dieser Ware steigern? Wie bekommen wir mehr Leute in die Läden hinein? Wie erreicht man es, daß eine Information gelesen wird?
Man wird dafür bezahlt, daß man Ideen hat. Das muß das Gehirn auf eine ganz andere Weise in Trab halten, als wenn man, eingeordnet in ein System, nach Routine arbeitet. Aber das Wissen, jederzeit eine Idee haben zu müssen, ist auch belastend.
Ein Texter arbeitet immer unter Zeitdruck. Abends muß er Rechenschaft über das ablegen können, was er während des 7,5-Stunden-Tages getan hat. Gibt er an, daß er eine bestimmte Anzahl von Stunden am Auftrag eines Kunden gearbeitet hat, bekommt dieser eine entsprechende Rechnung. 1982 wurde jede Stunde mit 300 bis 500 schwedischen Kronen bezahlt. Der Kunde muß das Gefühl haben, daß die Arbeit ihr Geld wert ist.
Ich habe einen schönen Job, verglichen mit vielen anderen.
Aber man muß schreiben können. Man muß auch für sich und für seine Ideen sprechen können, und man muß so lesen können, daß man sich schnell in das Problem hineinversetzen kann, das man lösen soll.
Wer das nicht kann, ist schnell draußen.

9

Am Donnerstag, dem 25. März 1976, ging ich um 15.45 Uhr zu Göteborgs Sozialverwaltung, um eine Werbekampagne vorzustellen. Oder richtiger gesagt: Ich lief.

Ich sollte um vier Uhr dort sein, und um zwanzig Minuten vor vier hatte ich den letzten Bogen aus der Schreibmaschine der Sekretärin gezogen.

Daß ich mich erst in letzter Minute auf den Weg machte, hatte einen triftigen Grund. Abends zuvor hatten wir entdeckt, daß die Kampagne so, wie wir sie angelegt hatten, nicht funktionieren würde. Der ganze Tag war draufgegangen, sie zu ändern. Der Grafiker – oder AD, Art Director, wie es in der Werbesprache heißt – war krank geworden. Und der Kontaktmann war durch einen Kundenbesuch außerhalb des Büros in Anspruch genommen.

Es regnete. Beim Taxiruf antwortete man nur, daß ich warten müßte.

Ich kam fünf Minuten zu spät.

Dann hatte ich die Kampagne vorgestellt. Wir saßen in einer bequemen Sofaecke im großen Dienstzimmer. Neben mir auf dem Sofa saß der PR-Chef, mir gegenüber der Sozialdirektor.

Es war beunruhigend still im Raum. Der Sozialdirektor dachte nach. Der PR-Chef sah bekümmert aus. Schließlich sagte der Direktor:

»An sich keine schlechte Idee. Aber völlig undurchführbar.«

Die Betonung lag auf völlig.

Wir seien von falschen Voraussetzungen ausgegangen, sagte er. Wir hätten alles gänzlich mißverstanden.

Er war nicht unfreundlich. Geduldig ging er die Voraussetzungen noch einmal mit mir durch. Erklärte die Organisation der Sozialverwaltung. Sagte, was bei der Kampagne erwähnt werden müsse, welche Zielvorstellung man habe. Er zeigte Punkt für Punkt auf, weshalb die Kampagne, die ich präsentiert hatte, nicht durchführbar sei. Der PR-Chef fügte weitere Details hinzu.

Es wurde ein sehr langer Kommentar, aber ich hörte nicht zu. Ich saß nur da und wunderte mich über das, was in meinem Kopf vorging. Es war, als ob sich eine große, schwere Hand auf meinen Scheitel gelegt hätte, als ob jemand versuchte, mich zu Boden zu drücken.

Und zum erstenmal in meinem Leben hatte ich heftige Kopfschmerzen.
Der Sozialdirektor merkte, daß ich nicht zuhörte, und seine Stimme wurde lauter.
Heute sei Donnerstag, sagte er. In einer Woche müsse die Kampagne der Presse vorgestellt werden. Die Einladungen zur Pressekonferenz seien schon verschickt. Spätestens am Montag müsse eine neue Kampagne fertig sein. Fertig und genehmigt.
»Schaffst du das?«
Es war nicht allein meine Kampagne. Im Werbebüro gab es einen Kontaktmann und einen Grafiker, zwei, die mit mir die Verantwortung teilten. Aber jetzt war ich allein, und ich mußte ja oder nein sagen.
Ich sagte ja.
Das ging automatisch. Ich wußte, ich würde gezwungen sein, sowohl abends als auch am Wochenende zu arbeiten, um es zu schaffen. Und der Grafiker war krank. Aber es fiel mir nicht ein zu sagen, daß es gewisse Probleme gebe.
Der Direktor holte ein Zigarettenpäckchen hervor und bot an. Ich nahm eine Zigarette, obgleich es eine »Prince« war und ich sonst nie stärker als »Blend« rauchte.
Während wir rauchten, einigten wir uns auf einen Termin für das nächste Treffen. Das heißt, der Direktor schlug Montag morgen vor, und ich nickte.
Jetzt war es sechs Uhr, und die Sozialverwaltung hatte schon lange geschlossen. Der PR-Chef brach gemeinsam mit mir auf. Wir gingen nebeneinander die Treppe hinunter. Er erzählte, daß er jetzt jeden Tag zum Dienst radle, der Bewegung wegen. Das sagte er gerade in dem Moment, als ich ihn bitten wollte, mich nach Hause zu fahren, weil ich krank sei.
Er verschwand auf seinem Fahrrad, und ich ging langsam die Straße hinunter, um ein Taxi zu erwischen. Es wehte und regnete. Ich blieb auf dem Gehsteig stehen und nahm meine große Fuchspelzmütze ab.
Aber sie war es nicht, die drückte.
In Göteborg auf der Straße ein Taxi anzuhalten, klappt selten, schon gar nicht an einem solchen Schlechtwetterabend. Da ich keine Straßenbahn sah, begann ich in Richtung Örgryte zu gehen, wo ich wohnte.
Die Kopfschmerzen waren noch schlimmer geworden, und der Druck auf den Kopf hatte sich verstärkt. Ich ging mit der Fuchs-

pelzmütze in der Hand, obgleich es kalt und windig war. Es waren viele Menschen auf der Straße, und alle hatten es eilig. Ich sah sie an. Würde sie, würde er mir helfen, wenn ich in den Schneematsch fiele? Oder würden sie ganz einfach vorbeirennen?

Ich wagte nicht stehenzubleiben. Um in einer Großstadt einen fremden Menschen anzusprechen, braucht man Mut, Stärke und Sicherheit, und von alldem besaß ich gerade jetzt gar nichts.

Ich ging und ging. Kjell, mit dem ich zusammenwohnte, war nur wenige hundert Meter vor mir. Aber das wußte ich damals noch nicht. Hätte ich es gewußt, wäre ich sicher hinter ihm hergelaufen und hätte ihn gerufen.

Wie ich jetzt weiß, wäre das sehr gefährlich gewesen. So gefährlich, daß dieses Buch wahrscheinlich nicht geschrieben worden wäre.

10

1978, zwei Jahre nach meiner Wanderung gen Örgryte, las ich in einer Zeitung etwas über eine Frau, die ähnlich wie ich entsetzliche Kopfschmerzen gehabt hatte. Die Schmerzen hörten nicht auf und wurden schließlich so heftig, daß sie den Arzt aufsuchte.

Aber Schmerzen kann man nicht messen. Der Arzt hielt ihre Kopfschmerzen nicht für so ernst und schickte die Frau mit einigen schmerzstillenden Tabletten nach Hause.

Als der Artikel einige Monate später geschrieben wurde, hatte die Frau immer noch schwere Kopfschmerzen. Die linke Körperhälfte war völlig gelähmt, und auf dem rechten Auge war das Sehvermögen stark reduziert.

Allmählich hatte man festgestellt, daß die Frau eine Gehirnblutung als Folge eines Aneurysmas erlitten hatte: Eine Krampfader an einer der Arterien, die das Gehirn mit Blut versorgen, war aufgegangen und hatte die Blutung ausgelöst.

Der Krankenhausarzt sagte zum Zeitungsreporter, man habe keine Veranlassung zu einem solchen Verdacht gehabt. Die Frau habe keine der Symptome gezeigt, die auf ein Aneurysma hindeuten. Auch habe sie früher oft Kopfschmerzen gehabt.

Es war ein Aneurysma, von dem ich betroffen wurde, als ich beim Sozialdirektor auf dem Sofa saß. Aber ich hatte Glück.

Ich hatte das Glück, in Göteborg zu wohnen und ins Sahlgrenska-Krankenhaus zu kommen. Ich hatte das Glück, daß der diensthabende Arzt in der Aufnahme Neurologe war. Und ich hatte früher praktisch noch nie Kopfschmerzen gehabt.
Der Arzt sagte, daß es entweder ein Migräneanfall oder eine Gehirnblutung sei. Da ich noch nie Migräne gehabt habe, müsse er eine Gehirnblutung vermuten. Die Untersuchung der Rückenmarksflüssigkeit bewies, daß er recht hatte.
Die Kopfschmerzen verschwanden nach einigen Stunden. Ich lag im Krankenhausbett und fühlte mich ganz gut.
Eine Schwester kam herein und setzte sich auf meine Bettkante. Sie sagte, daß ich mich jetzt in einer sehr gefährlichen Situation befände. Ich dürfte mich nicht aufrichten und kein Kissen unter dem Kopf haben. Ich dürfte nicht allein essen und mich nicht selbst waschen. Ich dürfte auch keiner seelischen Erregung ausgesetzt werden. Ich müßte äußerst vorsichtig sein, damit die Blutung nicht von neuem anfinge. Denn wenn sie es täte, könnte das sehr schlecht ausgehen. Ein plötzlicher Tod oder lebenslange Invalidität seien die Gefahren, die mir dann drohten.

11

Ich hatte oft Angst vor dem Tod gehabt. Manchmal, wenn im Haus Ruhe herrschte und ich mit meinen Gedanken allein war, hatte mich eine jähe Klarsicht gepackt. Einmal würde sie kommen, die unweigerlich letzte Minute, und ich würde ganz allein in ein Dasein hinübergleiten, von dem niemand etwas weiß. Oder das es gar nicht gibt.
Im allgemeinen konnte ich diese Gewißheit von mir fernhalten, aber zuweilen ließ sie sich nicht verdrängen.
Ich hatte auch oft Angst davor gehabt, eines Tages im Rollstuhl zu sitzen. Zum Beispiel pflegte ich in der Nacht vor einer längeren Autofahrt unruhig zu schlafen, weil ich fürchtete, es könnte etwas passieren.
Jetzt waren der Tod und der Rollstuhl nur wenige Sekunden von mir entfernt. Jeden Augenblick konnte eine neue Blutung eintreten. Die Kanüle an der Hand erinnerte mich daran. Ich brauchte sie, um im Ernstfall so schnell wie möglich betäubt und operiert zu werden.
Auch daß ich auf der Intensivstation lag, bewies, wie krank ich

war. Die Schwester verließ den Raum nicht. Wenn sie etwas von draußen brauchte, ging sie an die Tür und rief. Gleichzeitig behielt sie die Patientinnen im Auge.
Trotz alledem hatte ich jetzt keine Angst. Ich sah ein, was passieren könnte, aber es berührte mich nicht.
Ich hätte wohl an meine Kinder denken sollen. Ich habe drei Töchter, die damals noch Teenager waren. Ich hätte wohl auch an all das denken sollen, was ich versäumt hatte. Aber ich tat es nicht.
Ohne beruhigende Medikamente ließ ich mich schnell in ein hilfloses Menschenbündel verwandeln, das gefüttert, gewaschen und gebettet wurde. Das Radio hörte, las, mit den Schwestern plauderte und sich keine Sorgen um das machte, was in der nächsten Sekunde passieren könnte.
Ich vergaß fast, daß ich einen Körper hatte. Er war mir gleichgültig. Die Seele hatte das Steuer übernommen. Und klug, wie sie offenbar war, ließ sie mich nur positive Gedanken denken.
Daß ich vielleicht sterben würde, erschien mir so wenig dramatisch, als wenn ich von einem Raum in den anderen verlegt werden sollte. Das Leben und der Tod waren zwei Daseinsformen, von denen die eine mich nicht mehr erschreckte als die andere.
So verbrachte ich zehn Tage, während die Ärzte beratschlagten, was sie mit mir machen sollten. In dieser Zeit lebte ich ganz im Jetzt. Ich sah nicht zurück und empfand keine Angst vor der Zukunft. Der Körper – oder die Seele – hatte sich auf Kampf eingestellt. Und der Kampf bestand diesmal in einer völligen Passivität.
Ich überlegte nicht einmal, was passiert wäre, wenn man mich mit einigen schmerzstillenden Tabletten nach Hause geschickt hätte.

12

Ganz stimmt es nicht, daß ich zehn Tage lang völlig sorgenfrei war.
Eine Patientin nach der anderen kam von der Operation herauf, lag einige Tage in der Intensivstation und wurde dann gegen eine andere Frischoperierte ausgetauscht. Ich sah sie alle nur, wenn es ihnen am schlechtesten ging, und allmählich be-

gann ich darüber nachzudenken, daß es mir ebenso ergehen würde. Doch das berührte mich nicht so sehr. Etwas anderes beunruhigte mich mehr.
Weshalb dauerte es so lange, bis man mich operierte? Worauf wartete man noch? Wenn ich nun überhaupt nicht operiert werden könnte?
Vom Oberarzt der Abteilung 12, Dozent Claes von Essen, hatte ich alle Informationen bekommen, die er mir zu der Zeit geben konnte. Er sagte, die Röntgenbilder zeigten, daß das Gehirn nur an einer Stelle geschädigt sei. Eine Krampfader, die ich vielleicht seit meiner Geburt gehabt hätte, sei geplatzt. Ich müßte operiert werden, aber man sei sich noch nicht im klaren darüber, wie.
Ich glaube nicht, daß ich fragte, ob es bei mir denn irgendwelche besonderen Komplikationen geben könnte. Ich beruhigte mich selbst mit dem Gedanken, daß man wohl immer Zeit brauchte, eine Gehirnoperation zu besprechen.
Am Sonnabend, dem 3. April, kam von Essen herein und sagte, man habe sich entschlossen, am Montag zu operieren.
Jetzt erfuhr ich, daß die geschädigte Stelle schwer zugänglich war. Deshalb hielt man es nicht für ratsam, im Gehirn zu operieren.
Aber selbst jetzt hatte ich Glück.
»Hier bei uns im Sahlgrenska wenden wir zuweilen eine besondere Operationsmethode an«, sagte von Essen, »statt im Gehirn operieren wir am Hals. Wir legen eins der vier großen Blutgefäße, die das Gehirn mit Blut versorgen, still und vermindern so den Druck auf die geschädigte Ader.«
Daß man ein Blutgefäß stillege, habe keine größere Bedeutung. Der Blutfluß zum Gehirn sei überaus stark, und dieser Eingriff würde meine Kondition in keiner Weise beeinträchtigen. Ich würde wieder laufen und dem Körper ebensoviel abverlangen können wie früher.
Ich sollte örtlich betäubt und in wachem Zustand operiert werden. Deshalb durfte ich keins der Beruhigungsmittel bekommen, die man normalerweise bei einer Operation verabreicht. Ich mußte völlig wach sein, damit man während der ganzen Zeit die Gehirnfunktionen kontrollieren konnte.
Zwei Stunden sollte die Operation dauern. 40 Minuten davon würde ich mit offener Operationswunde daliegen. Man mußte sichergehen, daß das Gehirn ausreichend mit Blut versorgt wird, bevor man zunähte.

Das hörte sich nicht sehr angenehm an. Gleichzeitig war es schön zu wissen, daß der Eingriff nicht im Gehirn vorgenommen wurde.
Während der Arzt mir alles erklärte, kam mir ein Gedanke. Was würde passieren, wenn das Gehirn nicht ausreichend Blut bekäme, nachdem man die eine Arterie stillgelegt hatte? Würde man dann den Zufluß wieder in Gang bringen und mich für den Rest meines Lebens meinem Schicksal überlassen?
Aber wieder hielt mich etwas davon ab, mich zu beunruhigen.
Deshalb fragte ich nicht weiter. Und als von Essen wissen wollte, ob ich mit diesem Eingriff einverstanden sei, sagte ich ja.
Dann freute ich mich eine Weile darüber, daß man mir nun nicht die Haare abzuschneiden brauchte.

13

Sartre hat eine Erzählung »Die Wand« geschrieben. Sie handelt von drei Männern, die hingerichtet werden sollen. Während der Nacht vor der Hinrichtung versucht einer von ihnen sich vorzustellen, was er empfinden wird, wenn ihn die Kugeln treffen. Auf diese Weise zwingt er sich, die Hinrichtung mehrere Male zu durchleiden.
Ich durchlitt die Operation viele Male in der Nacht und in den Morgenstunden, bevor ich in den Operationssaal hinuntergefahren wurde. Ich kniff mich in den Hals und versuchte mir einzubilden, daß man in meine Haut schneide. Bei nur örtlicher Betäubung würde mir während der ganzen Zeit bewußt sein, was vor sich ging. Mußte nicht schon das allein schmerzhaft sein?

Man weiß nicht, wann sie kommen. Irgendwann zwischen acht und zwölf Uhr sollte ich geholt werden. Aber man konnte nicht sagen, wann. Ich war durstig, durfte aber nicht trinken. Jedesmal, wenn jemand zur Tür hereinkam, fürchtete ich, sie wären es.
Ich dachte an einen französischen Film, den ich vor längerer Zeit gesehen hatte. Er spielt in einem französischen Gefängnis und ist ein Protest gegen die Todesstrafe. Als die Guillotine in den Gefängnishof gerollt wird, wissen alle Gefangenen, daß

einer von ihnen im Morgengrauen sterben muß. Aber sie wissen nicht, wer. Derjenige, den sie holen, wird überrumpelt. Die Henker kommen durch den Gang geschlichen, reißen die Tür auf und werfen sich über den Gefangenen.
Ich sah meiner Operation wie einer Hinrichtung entgegen.
Um elf Uhr kamen sie. Freundliche, fröhliche Krankenwärter hoben mich auf eine fahrbare Liege und rollten mich hinaus. Im Flur standen Schwestern und Helferinnen und wünschten Glück. Schwester Håkan kniff mich in den Zeh und sagte vergnügt: »Bis nachher!«

14

Sie rollten mich in einen Raum hinein, der einer Hinrichtungsstätte glich. Ich erinnere mich an etwas Graues, Kaltes. In der Mitte stand ein junger Mann mit einer Schere in der Hand. Er solle mir die Haare abschneiden, sagte er.
Ich protestierte natürlich, und er schaute ins Krankenblatt. Das hätte er wohl sowieso noch einmal getan. Aber ich war ihm zuvorgekommen.
Von Essen operierte. Umgeben von freundlichen, umsichtigen Menschen, die dafür sorgten, daß zur Kühlung Kaltluft unter die Operationsdecke geblasen wurde, fühlte ich mich geborgen.
Ich war völlig in Leinenzeug eingepackt. Frei war nur das kleine Stück Hals, das operiert werden sollte. Ich lag unter der Decke. Das da draußen, das war nicht ich.
So empfand ich es.
Nach einiger Zeit war das Blutgefäß stillgelegt, und kein Blut rann mehr hindurch. Nun sollte ich noch 40 Minuten lang so liegenbleiben, bis man zunähte.
Der Arzt ging hinaus, aber mehrere Schwestern blieben im Raum. Sie redeten während der ganzen Zeit mit mir. Ihre Aufgabe war es jetzt zu kontrollieren, daß ich völlig klar im Kopf war. Daß ausreichend Blut ins Gehirn strömte und es mit Sauerstoff versah, obgleich ein Blutgefäß stillgelegt war.
Ich mußte unter anderem bis zehn zählen und das Alphabet aufsagen. Das tat ich. Aber es kam mir doch ziemlich lächerlich vor, daß man überhaupt bezweifelte, daß ich es schaffte.

15

Während der zehn Tage vor der Operation hatte ich mehrere Frischoperierte gesehen. Keiner von ihnen ging es so gut wie mir, als ich in die Station zurückkam. Ich war um die Vollnarkose herumgekommen, und vom Schnitt am Hals spürte ich nichts.
Das war am 5. April 1976.
Am 6. April durfte ich mich zum erstenmal wieder aufsetzen. Ich durfte allein essen und mich allein zurechtmachen. Ich war voller Lebenslust und wollte am liebsten sofort nach Hause fahren und in mein alltägliches Leben zurückkehren.
Abends kam Anna. Sie hatte ihr Arbeitspensum erledigt und war auf dem Nachhauseweg. Aber erst wollte sie noch ein wenig mit mir plaudern. Es gefiel ihr in Abteilung 12. Trotzdem wollte sie nicht Krankenschwester werden, sondern Vorschullehrerin. Jetzt suchte sie einen Platz in einem Tagesheim. Wir hatten schon einmal darüber gesprochen. Ich hatte ihr eingeprägt, daß man immer größere Aussichten hat, einen Arbeitsplatz zu bekommen, wenn man einen persönlichen Brief schreibt und nicht nur ein Formular ausfüllt. Aber der Brief mußte gut sein, und ich hatte versprochen, ihr dabei zu helfen.
Wir schrieben einen Brief, und ich glaube, es wurde ein guter Brief. Dann plauderten wir eine Weile. Ich weiß nicht mehr, worüber wir redeten, aber ich mochte sie sehr gern.
»Tschüß, bis morgen«, sagte Anna, als sie ging.
Ob sie den Job bekam, weiß ich nicht, denn ich habe nie wieder mit ihr gesprochen. Als wir uns das nächstemal sahen, konnte ich nicht mehr sprechen.

16

In der Nacht wachte ich auf und fühlte mich irgendwie sonderbar. Was so sonderbar war, weiß ich nicht mehr. Ich erinnere mich nur daran, daß ich es der Nachtschwester sagen wollte. Aber ich war so müde, daß ich es nicht schaffte.
Ich schlief wieder ein.
In jener Nacht starb ein Teil meiner Gehirnzellen. Andere wurden durch die Schwellung, die nach dem Stillegen des einen Blutgefäßes entstanden war, betäubt.

Ich stelle mir mein Gehirn wie ein Schlachtfeld nach einem Kampf vor. Die Zellen, die früher mit Wörtern und Sätzen zu tun gehabt hatten, waren tot oder betäubt. Nun mußten andere Zellen an ihre Stelle rücken.
Sie hatten keine Erfahrung. Sie wußten nicht, wo die Wörter waren, und ein Teil der Transportwege war unpassierbar.
Es herrschte Chaos.

17

Ich war nicht krank. Hatte nirgends Schmerzen. Ich sah alles, was um mich herum vorging, und verstand alles, was ich hörte.
Ich hatte eine ganze Weile gewartet, bis ich versuchte, um ein Becken zu bitten. Es war ein einfacher Satz, den man sich nicht erst sorgfältig zurechtzulegen brauchte. Hätte ich überlegt, wie ich mich ausdrücken sollte, hätte ich vielleicht gemerkt, daß mir die Wörter fehlten. Ich weiß es nicht. Ich war völlig überrascht, als ich mich etwas anderes sagen hörte als das, was ich gedacht hatte.
Ich hörte mir selbst zu wie einem Menschen, der eine fremde Sprache spricht.
Die Nachtschwester fragte mehrere Male nach, was ich gesagt hätte. Aber als ich es wiederholen wollte, wurde es keine Wiederholung. Es kamen neue, fremde Wörter.
Im Krankenblatt steht, daß meine spontane Rede ganz flüssig war. Doch sobald die Sätze länger wurden, mißlangen sie.
Der Stationsarzt begann mit einer kleinen Sprechübung. Er bat mich, »Quastschaft« zu sagen. Ich versuchte es mehrmals, aber es wurde nicht besser als »Quastkast«. Ich sollte auch »Flanelllappen« sagen, aber das schaffte ich überhaupt nicht.
Im Krankenblatt steht auch, daß ich alle Weisungen »prompt« begriff, daß ich mein Alter nicht verbal angeben konnte, daß ich es aber nach Anleitung mit den Fingern signalisierte und ohne Schwierigkeit »44« aufzeigte.
Ich erhielt eine Spritze. Nach Auskunft der Schwester sollte sie die Schwellung, die an allem schuld war, beheben. Soweit ich mich erinnere, war ich doch ziemlich klar im Kopf. Ich dachte nämlich, daß ich diese Spritze wohl besser vorsorglich bekommen hätte, um die Schwellung zu verhindern.
Aber selbst wenn ich es gekonnt hätte, gab es jetzt keinen Anlaß, das zu diskutieren.

18

Nach der Operation brauchte ich nun nicht mehr im Kontrollsaal zu liegen. Die Gefahr einer erneuten Gehirnblutung war gebannt. Ich wurde in ein Einbettzimmer verlegt. Zum erstenmal, seit ich ins Krankenhaus kam, war ich allein.
Es war acht Uhr, und da lag ich nun und dachte über meine sonderbare Situation nach.
Dann kam Kjell.
Vor der Operation hatte er mich jeden Tag besucht. Erst morgens auf dem Weg zur Arbeit. Dann nachmittags auf dem Heimweg.
An diesem Morgen muß ich einen ziemlich elenden Eindruck gemacht haben. Es wurde noch schlimmer, als ich Kjell zu erklären versuchte, weshalb ich nicht so gutgelaunt war wie am Abend zuvor.
»Ich kann nicht ...«, sagte ich. »Ich kann nicht br ..., nein, kr ..., nein ...«
Wie hieß nur dieses Wort! Ich hatte es irgendwo im Kopf, wußte aber nicht, wie ich es sagen sollte. Ich sah das Wort auch nicht vor mir. Wußte nicht einmal den Anfangsbuchstaben.
Ich habe immer mehr geredet als Kjell. Er war daran gewöhnt, daß ich drauflosredete. Das wollte ich jetzt auch, und er begriff sofort, was ich nicht konnte.
Ich konnte nicht sprechen.
Kjell erschrak nicht. Ich glaube, er wunderte sich nicht einmal. Er wirkte nur interessiert. Ich erinnere mich so gut an diesen Augenblick, weil er für alles weitere viel bedeutete. Es war wichtig, daß Kjell keine Angst hatte.
Kjell war Universitätslektor gewesen, bevor er vor einigen Jahren den Beruf gewechselt hatte.
Nun erzählte er, daß sich der Philosophie-Professor sehr für das interessierte, was mir passiert war. Ich sei nämlich an Aphasie erkrankt.
Dieses Wort hörte ich zum erstenmal.
»Aphasie kommt aus dem Griechischen«, sagte Kjell, »und bedeutet soviel wie Sprachverlust. Du kannst also nicht mehr sprechen«, sagte er brutal.
Ich hätte gern eingewendet, daß dies wohl ein vorübergehender Zustand sei. Aber dann hätte ich einen komplizierten Satz bilden müssen.
»Der Arzt meint, daß es vorübergeht« – das würde ich wohl

normalerweise gesagt haben. Doch jetzt fiel mir das Wort »Arzt« nicht ein. Ich suchte danach, aber das Wort kam nicht. Wäre es mir eingefallen, hätte ich es sicher nicht sagen können. Und hätte ich es sagen können, wäre mir sicher kein ganzer Satz gelungen. Ich wußte weder, welche Wörter man brauchte, um einen solchen Satz zu bilden, noch wie man sie aneinanderreihen mußte, damit sie einen Sinn ergaben.

Mit Gesten und einzelnen abgerissenen Wörtern deutete ich Kjell an, was ich sagen wollte.

Wenn der Zeitungswagen kam, kaufte ich immer Zeitungen. Nun wollte ich Kjell bitten, auf den Flur zu gehen und nach dem Zeitungswagen Ausschau zu halten. Ich zeigte auf die Tür und versuchte, »Zeitungswagen« zu sagen. Es ging nicht. Da versuchte ich es mit »Göteborgs-Posten«. Daraus wurde »Najs Naller«. Dann wollte ich statt dessen »Dagens Nyheter« sagen. Es wurde zu »Daniass Leser«.

All das weiß ich noch, weil Kjell einen der Notizzettel, die er immer in der Tasche hat, hervorholte und es aufschrieb. Er notiert sich immer alles, was er für erinnerungswürdig hält.

Schließlich begriff er, was ich von ihm wollte. Er ging an die Tür und sah den Flur entlang. Aber es war kein Zeitungswagen zu sehen.

Wir »redeten« eine Weile. Sicher nicht über Dinge, über die andere Leute in einer solchen Situation geredet hätten. Wir versuchten herauszufinden, ob es in diesem Unsinn irgendein System gab. Ob ich immer »Najs Naller« sagte, wenn ich »Göteborgs-Posten« meinte, ob ich immer dieselben Buchstaben verdrehte. Aber ich hatte keine neue Sprache erfunden. Alles war nur ein großes Durcheinander.

»Bist du heute lange allein gewesen?« fragte Kjell.

Ich wollte sagen, daß kurz vor ihm eine Pflegerin im Zimmer gewesen sei. Aber es hatte keinen Zweck, einen so komplizierten Satz zu versuchen. Ich entschloß mich, nur »Pflegerin« zu sagen.

»Föglisa«, sagte ich.

Kjell notierte.

»Kannst du Kjell sagen?« fragte er.

Ich versuchte, mir den Namen vorzustellen, die Buchstaben in der richtigen Reihenfolge zu sehen. Wenn mir nur der Anfangsbuchstabe einfiele, würde es sicher klappen. Ich glaubte, der Name finge mit »S« an. So klang er, wenn Kjell ihn aussprach.

»Nessel«, sagte ich.
Etwas in meinem Gehirn hatte versucht, das Wort zu finden. Etwas anderes hatte die Buchstaben, die ich suchte, herbeigeholt. Und die falschen erwischt. So kam es mir vor.
Kjell mußte nun gehen. Er versprach, nachmittags wiederzukommen.
»Dann bist du sicher wieder in Ordnung«, sagte er und gab mir einen Kuß.

Als Kjell gegangen war, kam der Zeitungswagen. Ich zeigte auf »Göteborgs-Posten«, die obenauf lag. Dann wollte ich auch noch »Dagens Nyheter« haben. Ich sah die Zeitung nicht und konnte deshalb nicht darauf zeigen. Ich sagte etwas völlig Unverständliches, und das arme Zeitungsmädchen begriff es natürlich nicht.
Allmählich war ich es leid, daß ich die Wörter nicht finden und nicht aussprechen konnte. Ich merkte auch, daß das Mädchen mich eigentümlich ansah. Da kam Anna herein. Sie wußte, daß ich »Dagens Nyheter« haben wollte, und legte sie mir aufs Bett. Ich nahm einige Kronen aus dem Portemonnaie und gab sie dem Mädchen, ohne nachzuzählen. Der Zeitungswagen verschwand. Anna zupfte meine Decke zurecht, pusselte ein wenig am Waschbecken herum und verschwand auch.
Ich schlug »Göteborgs-Posten« auf.

19

Es war der 7. April 1976. Olof Palme besuchte Kossygin in Moskau, und »Göteborgs-Posten« hatte auf der ersten Seite mit folgendem Titel aufgemacht: »SKÄMTSAM KOSYGIN TILL PALME: ›VAD SKALL VI TALA OM IDAG DÅ?‹«
Ich begriff nichts. Was stand da? Ich betrachtete die Wörter, eins nach dem anderen. Ich wußte, wer Palme war und wer Kossygin war. Aber was bedeutete »skämtsam«? Ich sah, es war ein zusammengesetztes Wort, konnte den Sinn aber nicht erfassen. »Skämt«? Konnte das »skam« sein? Oder »skoj«? Oder was sonst? Und was in aller Welt bedeutete »sam«?*

* Die Titelzeile bedeutet: »Scherzender (scherzhafter) Kossygin zu Palme: ›Worüber sollen wir denn heute reden?‹« »Skämtsam« ist zusammengesetzt aus »skämt« = Scherz, Spaß und »sam« = haft. Auch »skoj« bedeutet Spaß, Ulk, aber auch Bluff, Humbug, Schwindel, »skam« dagegen Scham.

Ich muß noch ein wenig benommen gewesen sein. Sonst wäre mir jetzt sofort klargeworden, daß ich auch nicht mehr richtig lesen konnte.
Aber das begriff ich noch nicht. Ich grübelte nur darüber nach, was dieser seltsame Satz bedeuten könnte.
Als ich die Seite näher betrachtete, schien sie mir voller Druckfehler zu sein. Auch die Sprache war wunderlich, fand ich.
Auf einer Innenseite der Zeitung sah ich eine Anzeige, die ich wiedererkannte, denn ich hatte sie selbst geschrieben. Sie hatte eine lange Titelzeile, und es ging darin um die neuen Frühjahrsschuhe. Das ist ja ein Skandal, dachte ich erregt. »Skor« ist doch Singular, und hier müßte es Plural sein. Aber wie heißt der Plural von »skor«? Heißt er »skorer« oder »skoren«? Ich wußte, diese Wörter gab es nicht, konnte aber nicht auf das richtige Wort kommen.*
Der Text darunter war holprig, flüchtig und unmöglich zu verstehen. Ich distanzierte mich von der Anzeige. Das konnte nicht mein Text sein.
Aber es war mein Text.

20

Nachmittags kam Kjell wieder. Er brachte ein Tagebuch mit. »Schreib auf, wie es ist«, sagte er.
Natürlich mußte ich das aufschreiben. Wir waren beide schreibende Menschen. Schreiben war ein Teil unserer Lebensweise. Wir schrieben dauernd, und wir ermahnten unsere Kinder zu schreiben. Gaben ihnen Tagebücher, damit sie aufschreiben sollten, wie es ist, ein Kind zu sein. Schreiben ist die einzige Möglichkeit, die eigene Entwicklung zu verfolgen. Man vergißt so schnell. Da ist es schön, wenn man später einmal nachlesen kann, wie man früher gedacht und gefühlt hat.
Kjell blieb nicht sehr lange, und ich verschwieg ihm, daß ich nicht lesen konnte. Ich hatte es wohl auch selbst noch nicht ganz begriffen. Ich war nur so müde.
Sobald Kjell gegangen war, nahm ich das Tagebuch und schrieb. Diese Aufzeichnungen liegen jetzt vor mir. Ganz oben hatte ich »Mittwoch« geschrieben. Damals fand ich, das Wort sähe sonderbar aus. Schrieb man es wirklich so? Darunter steht »Ingriv Ingrid Erbvla Erva«.

* »Skor« ist die richtige Pluralform von »sko«, Schuh.

Ich warf Tagebuch und Schreibstift in hohem Bogen auf den Fußboden und zog mir die Decke über den Kopf.
Ich konnte nicht einmal mehr meinen eigenen Namen schreiben.

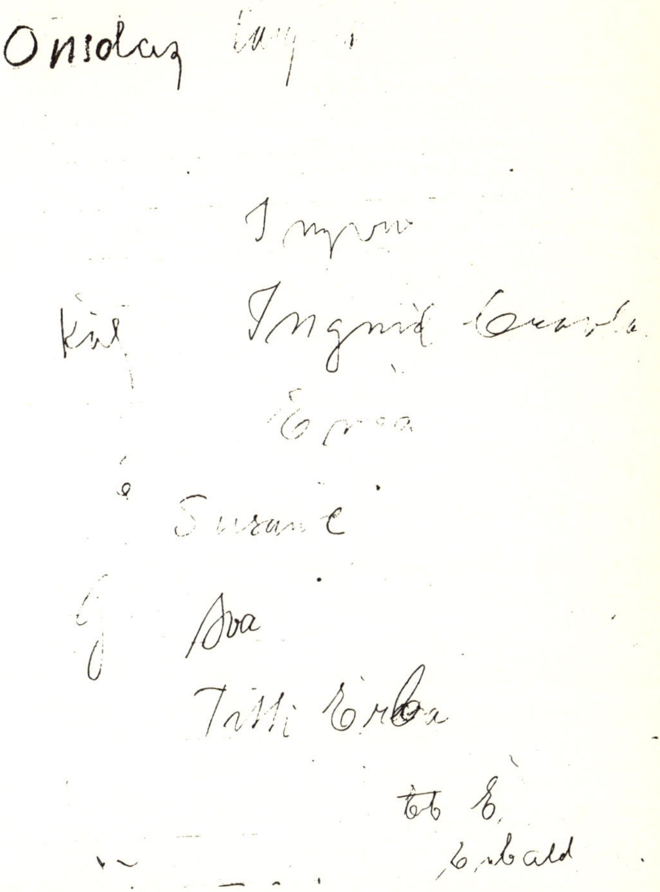

»Onsdag« = Mittwoch; darunter Versuche, den eigenen Namen zu schreiben und die Namen einer Freundin und einer Tochter.

21

Am Donnerstag schlief ich viel, und wenn ich wach war, lag ich meistens untätig da und tat mir selbst leid. An diesem Tag machte ich keine Notizen, versuchte es nicht einmal.
Am Freitag begann ich gleich zu schreiben, nachdem ich aufgewacht war. »Es ist 05.05« war meine erste Notiz. Die Wörter danach gibt es gar nicht. »Abalger, Alagar, Alvoja, Iage, säljag« steht auf dem Papier.

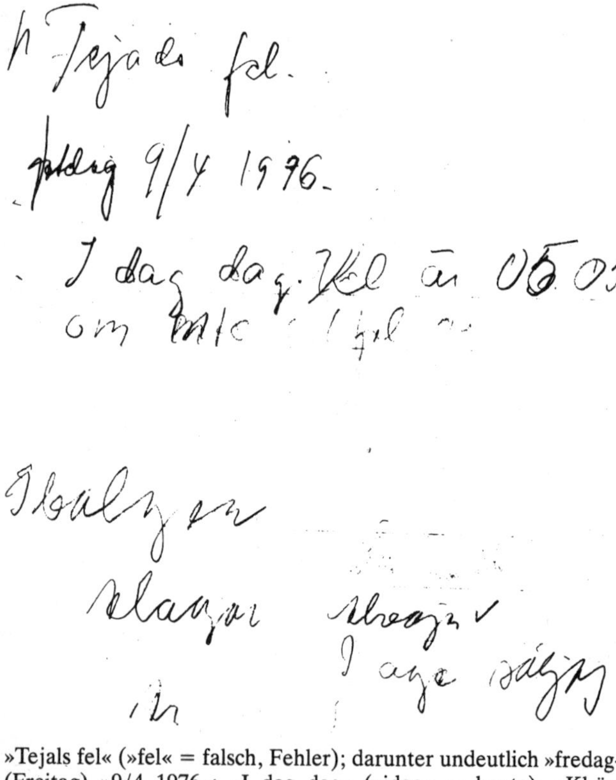

»Tejals fel« (»fel« = falsch, Fehler); darunter undeutlich »fredag« (Freitag) »9/4 1976«; »I dag dag« (»idag« = heute); »Kl.är« (»klockan är« = die Uhr ist); »05.05«. Dann undeutliches Gekritzel und die im Text erwähnten sinnlosen Wörter.

Zwanzig Minuten nach sechs kam offenbar Leben in einige Gehirnzellen. Jedenfalls schrieb ich schon einige Wörter richtig. Zwei Stunden später ging es noch besser, wenn auch mit Fehlern. »Bin im Stuhl gesessen. Habe ein wenig gegessen ...« Auch wollte ich schreiben, wie ungeduldig ich sei. Es wurde aber »geduldig«, obgleich ich »ungeduldig« sagen konnte. Ich sah wohl, daß es falsch war, wußte aber nicht, wie es aussehen mußte, um richtig zu sein.
Die genauen Zeitangaben sind verblüffend. Ich erinnere mich, daß im Krankenzimmer eine große Uhr hing, auf die ich sah, als ich zu schreiben anfing. Natürlich weiß ich nicht, ob ich die Zeit richtig angab.

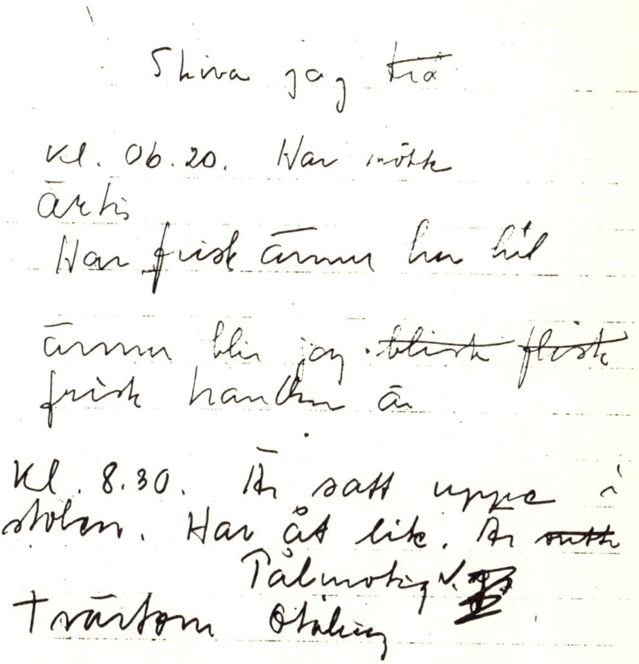

Dem Vermerk »Skiver jag tid« (»skriver jag« = schreibe ich, »tid« = Zeit) und der Zeitangabe »Kl.06.20« folgen mehrere Versuche, das Befinden auszudrücken (»frisk« = gesund). – Der zweiten Zeitangabe »Kl. 8.30« folgen, ebenfalls mit Form- und Schreibfehlern, die im Text behandelten Notizen: »tålmodig« = geduldig, »otålig« = ungeduldig.

22

Die Medikamente, die ich schluckte, veränderten den Geschmack. Alles, was ich aß, schmeckte blechern. Ich war hungrig und wartete begierig auf das Essen. Ich malte mir aus, wie verschiedene Gerichte schmeckten, und das Wasser lief mir im Mund zusammen, wenn der Essenwagen mit dem Fischauflauf kam. Aber dann schmeckte er scheußlich.
Das war nicht so schlimm. Schlimmer war, daß es so wenig Nahrung für die Seele gab. Ich konnte nicht mehr lesen und auch kein Gespräch über Dinge anfangen, die mich interessierten. Ich konnte lediglich meinen Mitpatientinnen zuhören.
Krankenhäuser sind Welten für sich. Es kommt schnell zu einem »Wir hier drinnen und die da draußen«. Wir, die Kranken, und sie, die Gesunden. Die Umgangsformen sind wie in einem Kurort. Wer schon eine Zeitlang im Krankenhaus ist, klärt die Neuankömmlinge über Essenszeiten, die Qualität des Essens und über das Personal auf. Im Kurort redet man von Ausflügen. Im Krankenhaus erzählt man von seinen Krankheiten.

23

Nach einigen Tagen kam der Bibliothekswagen mit Büchern auf Band. Ich lieh mir Wästbergs »Wasserschloß« aus, obgleich ich es schon gelesen hatte. Es gab nichts anderes, das ich »lesen« wollte.
Es war angenehm, dazuliegen, vor sich hinzudösen und einem Menschen zuzuhören, der laut las, und das sehr gut. Aber es ging langsam. Ich war daran gewöhnt, schnell zu lesen und einige Seiten zu überspringen, wenn sie nicht interessant genug waren.
Es gab auch einige Bücher über Aphasie, die ich zu lesen versuchte. Am liebsten hätte ich ein kleines grünes Buch gelesen, »Aphasie«, geschrieben von Professor Tore Broman. Während ich darin blätterte, sah ich, daß es all das enthält, was ich über Aphasie wissen wollte. Aber das Buch ist sicher nicht für Menschen geschrieben, die Probleme mit dem Lesen haben. Es wendet sich an Fachkräfte, die mit Aphasie-Patienten arbeiten, und deshalb konnte ich keinen Nutzen daraus ziehen.
Dagegen war ein anderes Buch, das ein ehemaliger Aphasie-Patient geschrieben hatte, leicht zu lesen. Und wenn ich es auch

nicht auf einmal durchlesen konnte, verstand ich doch ziemlich viel.
Ich konnte schon sehr viel besser lesen als am ersten Tag, an dem ich noch gar nichts begriffen hatte. Aber ich mußte lange über jeden Satz nachdenken. Ich las nicht langsam, Buchstabe für Buchstabe. Es ging ebenso schnell wie früher, doch ich begriff nicht gleich, was ich las. Das Tempo zu drosseln, machte es nicht besser. Die Hauptschwierigkeit bestand ja nicht darin, die Buchstaben zusammenzusetzen, sondern die Wörter und Sätze zu deuten. Durch langsames Lesen erfaßte ich den Sinn nicht leichter. Im Gegenteil, es wurde noch schwieriger, wenn ich Wort für Wort las. Ich mußte den Satz als ein Ganzes sehen, nicht die Wörter als isolierte Einheiten.
Es war sehr ermüdend. Fünf Zeilen zu lesen und zu verstehen, konnte eine Stunde dauern.

24

Das Buch des Mannes, der Aphasie gehabt hatte, vermittelte mir eine Erkenntnis.
Ich empfand, seit ich es gelesen hatte, daß ich jetzt einer bestimmten Kategorie Mensch angehörte. Ich war nicht mehr ich. Ich war eine Behinderte. Im Gehirn behindert.
In dem Buch las ich, daß ich mich benahm, wie es für einen Aphasie-Patienten typisch ist. Ich hatte die gleichen Probleme wie alle anderen dieser Gruppe und mußte auf eine ganz bestimmte Art behandelt werden. Man mußte mich zum Beispiel aufmuntern, damit ich den Mut nicht sinken ließe, und mit Liebe behandeln, damit ich mein Selbstgefühl nicht verlöre – und so weiter.
Ich wehrte mich heftig dagegen, daß ich einer Gruppe von Menschen zugerechnet wurde, die nichts anderes gemeinsam hatten als eine Krankheit.
Als ich las, wie man mich behandeln müßte, kam mir ein anderer häßlicher Gedanke. Das Mißtrauen schlug seine Klauen in mich. Ich konnte nicht länger darauf vertrauen, daß die Reaktionen der Menschen um mich herum echt waren.
Sicher war es nicht falsch, daß ich dieses Buch las. Meine Lage war nun einmal so. Ich nahm keinen Schaden davon, daß ich darauf hingewiesen wurde, behindert zu sein. Im Gegenteil. Es war gut, daß ich erfuhr, was diese Behinderung für meine Seele

bedeuten könnte und welche Hilfen ich brauchte, um damit fertigzuwerden. Aber in der ersten Zeit tat es sehr weh.
An dem Nachmittag, an dem ich erkannte, daß ich nicht mehr »wie andere« war, rief ich meine Mutter an. Seit ich krank geworden war, hatte ich außer mit Kjell und den Kindern mit niemandem gesprochen, weder mit Verwandten noch mit Freunden. Nun hörte ich heraus, wie traurig meine Mutter war und wie sie sich bemühte, mit fester Stimme zu sprechen. Ich spürte, daß sie so zu tun versuchte, als ob sich nichts verändert hätte. Als ob sie nicht hörte, wie merkwürdig ich sprach.
Da empfand ich die Mauer, die sich zwischen mir und der Außenwelt aufgerichtet hatte. Diese Mauer sollte mich schützen, aber ich wollte nicht geschützt werden. Sie mußte so bald wie möglich wieder verschwinden. Doch wie in aller Welt sollte ich das erreichen?

25

Als ich krank wurde, geschah zur gleichen Zeit etwas anderes. Es hatte, glaube ich, einen großen Einfluß darauf, wie ich meine Krankheit erlebte.
Ulrika, eine meiner besten Freundinnen, erfuhr, daß sie Krebs hatte. Ulrika und ich waren gleichaltrig. Sie war Zeichnerin, und wir hatten Anfang der 60er Jahre im selben Werbebüro gearbeitet. Da hatten wir uns angefreundet.
An dem Tag, an dem ich krank geworden war, hatte sie mich vormittags angerufen. Sie sagte, daß sie wegen ihrer Magenschmerzen zum Arzt gehen wollte. Kurz bevor ich zur Sozialverwaltung rannte, hatte sie wieder angerufen. Sie sollte geröntgt werden.
Während ich auf meine Operation wartete, fragte ich mehrmals nach Ulrika, aber man schlug meine Fragen immer in den Wind. Ich erfuhr nichts.
Ulrika wurde am selben Tag operiert wie ich. Als sie aufwachte, erhielt sie den Bescheid, daß sie zu spät gekommen sei. Sie habe vielleicht noch sechs Monate zu leben.
Sie wollte es nicht wissen. Sie erzählte mir nachher, wie sie versucht hatte, das den Ärzten begreiflich zu machen. Sie hatte sie angefleht, ihr doch einen Hoffnungsschimmer zu lassen. Aber sie hatten sich dafür entschieden, ehrlich zu sein.
»Ich wollte, daß sie lügen«, sagte sie. »Aber sie merkten es nicht oder wollten es nicht merken.«

Verglichen mit Ulrikas Angst und Verzweiflung wurden meine Probleme klein. Aber als ich erfuhr, daß sie operiert worden war und ihr Todesurteil erhalten hatte, reagierte ich nur sehr langsam. Erst nach mehreren Stunden wurde mir klar, was das bedeutete. Da wollte ich sofort ihren Mann anrufen, um zu hören, wie es ihr ging und wie ich sie erreichen konnte.
Ihr Mann arbeitete in einer Klischeeanstalt. Ich ging in die Telefonzelle, um ihn dort anzurufen.
Nach einer Operation, bei der das Gehirn betroffen ist, kann es eine gewisse Zeit dauern, bis man ebenso schnell denkt wie früher. Das Gehirn ist müde, und alles geht im Zeitlupentempo. Ich war so tranig, daß ich meine Situation und die Folgen daraus noch nicht ganz übersah.
Erst als ich die Nummer der Klischeeanstalt im Telefonbuch nachschlagen wollte, merkte ich, daß ich dazu nicht mehr fähig war. Ich konnte das Alphabet ja nicht. Und wie schrieb man »Klischeeanstalt«?
Ich blätterte in dem großen Buch. Wie sollte ich, unter all diesen Hunderttausenden von Namen, finden, was ich suchte!
Ich verließ die Zelle, wollte um Hilfe bitten. Nebenan war ein kleiner Tagesraum, und da saßen einige Patienten. Ich dachte eine Weile darüber nach, wie ich ihnen mein Problem erklären sollte. Ich konnte doch »Klischeeanstalt« nicht sagen! Sollte ich versuchen, ein Klischee zu beschreiben? Was ist ein Klischee? Ein Stück Blei, das man in Druckereien verwendet. Wer würde das verstehen, selbst wenn es mir glückte, das Wort zu sagen?
Ich ging wieder in die Telefonzelle, setzte mich auf den Stuhl und nahm das Telefonbuch auf die Knie. Es hatte ungefähr 1200 Seiten. Oben über jeder Seite standen die drei ersten Buchstaben der Namen, die hier zu finden waren. Ich fing mit »A« an. »Abr ..., Avk. ...« Irgendwo fand ich vielleicht Buchstaben, die mich auf die Spur brachten.
Ich kam bis »Fin ...«. Da klopfte es an der Tür. Jemand wollte telefonieren. Ich legte das Telefonbuch weg und gab auf.
Weshalb rief ich nicht meine Tochter Titti an, um sie zu bitten, die Nummer für mich herauszusuchen? Ihr hätte ich sicher erklären können, wen ich anrufen wollte.
Ich hätte nicht viel Freude daran gehabt, die Nummer von Titti zu bekommen. Ich hätte sie nicht aufschreiben können und im selben Augenblick schon wieder vergessen. Auch wenn ich Zahlen schreiben konnte, war ich nicht sicher, daß ich die richti-

gen schrieb. Sagte man »4« zu mir, konnte ich »3« verstehen und »2« schreiben. Zahlen sind Symbole, und ich war nicht fähig, Symbole zu deuten.

26

Wer an die Schreibmaschine gewöhnt ist, braucht nicht nachzudenken, wo die Tasten liegen. Er schlägt die richtigen Tasten an, und das Wort steht auf dem Papier.
Wer seine Sprache nicht kontrollieren kann, hat das Gefühl, auf einer Maschine zu schreiben, deren Tasten die Plätze gewechselt haben. Jedesmal, wenn ich etwas sagen wollte, schlug ich die erforderlichen Tasten an. Aber was dabei herauskam, waren keine richtigen Wörter. Es war ein Buchstabengemisch, das keinen Sinn ergab.
Die Wörter waren in meinem Kopf vorhanden. Es schienen ebenso viele wie früher zu sein, und sie hatten keinen Schaden genommen. Aber wenn ich sie gebrauchen wollte, mußten sie offenbar auf einen sehr langen Weg verfrachtet werden. Auf diesem Weg schien sich ein eingestürzter Tunnel zu befinden. Sobald die Wörter an den Tunnel herankamen, versuchten sie, sich hindurchzupressen. Aber sie wurden zerfetzt und so verstümmelt, daß sie nicht wiederzuerkennen waren, wenn sie aus dem Tunnel herauskamen.
Auch drinnen im »Lager« schien große Unordnung zu herrschen. Es war schwer, die Wörter zu finden. Doch wenn ich das richtige Wort fand – oder wenn ich es von außen bekam –, erkannte ich es sofort wieder.
Daß ich meine Krankheit auf eine so technische Weise betrachtete, war eine gute Hilfe. Ein eingestürzter Tunnel läßt sich sicher wieder in Ordnung bringen. Schickt man ausreichend viele Wörter hindurch, wird die Passage wohl allmählich größer. Und sucht man im »Lager« ständig nach neuen Wörtern, wird man sich schließlich einprägen können, wo sie liegen.
Es galt also, zu üben, zu üben und noch einmal zu üben.

27

Es passierte oft, daß ich falsche Wörter gebrauchte. Dann hörte ich im allgemeinen selbst, daß ich etwas Falsches gesagt hatte. Aber ich erinnere mich an einen Fall, in dem ich es nicht merkte.

Eine Patientin fragte mich, wie alt ich sei.
»Vierundsiebzig«, sagte ich.
Sie wollte es mir nicht glauben, aber ich sagte, doch, es stimme. Sie wiederholte, was ich gesagt hatte. Da hörte ich, daß es falsch war, und berichtigte mich.
Anfangs war es mir unmöglich zu sagen, wie spät es war. Es wurde immer falsch. Wenn ich »halb eins« sagen wollte, sagte ich zum Beispiel »neun«. Es kamen Zahlen. Aber ich hörte selbst, daß sie nicht richtig waren.
Wollte ich »rot« sagen, konnte es »blau« werden. Wollte ich »Winter« sagen, wurde es sicher »Sommer«. Aus »Gabel« wurde »Löffel«, aus »warm« wurde »kalt«. Immer wieder mußte ich mich berichtigen. Es war ermüdend.
Ich stellte mir vor, daß die Wörter im Gehirn in Kategorien eingeteilt sind. Wie ein Regalsystem, das für verschiedene Kategorien von Wörtern verschiedene Regale hat. Wenn ich zum Beispiel »Sommer« bestellte, eilten kleine Gehirnarbeiter zum Regal für Jahreszeiten und kamen mit »Winter« zurück.
Da ich es meistens selbst hörte, wenn etwas falsch war, gab es oft Strafarbeiten. Das bedeutete, das richtige Wort, den richtigen Namen, die richtige Zahl zu suchen.
Wenn man sich nicht selbst berichtigt, ist es wichtig, daß andere es tun, damit die kleinen Gehirnarbeiter gezwungen werden, zurückzulaufen und das richtige Wort zu holen. Darin besteht ja das Training.

28

Sobald ich einfache, kurze Wörter verwendete, konnte ich mich in der Regel schon während der ersten Tage verständlich machen. Zuweilen konnte ich sogar schwierigere Wörter sagen, ohne sie zu verdrehen.
Aber manchmal war es mühsam. Besonders, wenn ich etwas kompliziertere Gedankengänge ausdrücken wollte. Dann waren es oft nicht die Wörter, sondern die Sätze, die schwer zu bilden waren.
Statt zu versuchen, einen Satz zu bauen, wählte ich dann ein Bild.
Ich will ein Beispiel geben.
Es war wichtig für mich, alle wissen zu lassen, daß sich die Wörter in meinem Kopf befanden. Daß ich sie besaß, aber nur

nicht immer finden konnte. Aber wie sollte ich ihnen das erklären?
Irgendwo in meinem Kopf hatte ich also ein Wortlager. Einen Winkel, in dem die Wörter aufbewahrt wurden.
Wie sollte ich diese Bildsprache vermitteln?
Ich wußte, daß es ein bestimmtes Wort gab, aber konnte es nicht finden. So begann die folgende rätselvolle Unterhaltung:
»Arbeiter«, sagte ich.
»Arbeiter?«
»Niedriglöhne«, sagte ich.
???
»An der Uni.«
Was ich suchte, war das Wort »Archiv«. Da ich es nicht fand, dachte ich an »Archivarbeiter« und versuchte, das Wort zu erklären. Natürlich begriff das keiner. Und ich gab auf.

29

Nach einigen Tagen ließ der Wirrwarr etwas nach. Ich konnte nun Wörter bilden, die ich vor meinem inneren Auge »sah«.
Jeder weiß, daß »Katze« mit »K« anfängt. Aber als ich das Wort »Katze« hörte, meinte ich, es finge mit »S« an.
Nach einer Woche konnte ich den Buchstaben »S« finden, wenn ich ihn suchte. Ich konnte ausprobieren, ob eine »Katze« daraus wurde, wenn ich »S« als Anfangsbuchstaben nahm. Es wurde natürlich keine.
Wenn jemand sagte, »Katze« fange mit »K« an, fand ich das zunächst sehr seltsam. Aber solche Hilfe von außen machte es mir möglich, selbst zu probieren und zu entscheiden, was richtig und was falsch war.
Oft genügte mir der Anfangsbuchstabe, um ein Wort richtig zu bilden. Jedenfalls ein kurzes Wort. Aber um selbst auf den Anfangsbuchstaben von »Katze« zu kommen, mußte ich die ganze Konsonantenreihe laut vor mich hinsagen und versuchen herauszuhören, welcher Buchstabe stimmte. Zu diesem Zweck mußte man mir alle Konsonanten aufschreiben. Ich konnte es nicht, denn ich konnte das Alphabet nicht mehr. Selbst Buchstaben, die ich schon einmal gefunden hatte, behielt ich nicht.
Ich glaube, gewisse Wörter waren für mich besonders schwer

auszusprechen, weil ich sie nicht mochte. Ich brauchte zum Beispiel etwa einen Monat, bis ich »Kategorie« sagen konnte. Meistens wurde »Tokeribie« daraus. Es fiel mir auch schwer, »Aphasie« zu sagen, aber das ist ja auch ein schwieriges Wort. Ebensowenig kam ich auf »Schaden« und sagte statt dessen »damage«. Offenbar konnte ich die kleinen Gehirnarbeiter so beschummeln, daß sie das richtige Wort aus dem Englischfach nahmen.

30

Beim Rechnen benahm ich mich unwissend wie ein Erstkläßler. Wieviel ist drei mal drei? Als die Ärzte Visite machten, fragte mich einer von ihnen, ob ich die Dreisatzrechnung beherrsche. Er sagte das nur zum Spaß, war aber nicht gerade erstaunt, als ich den Kopf schüttelte.
Ich stellte das Radio ab, dem ich vor der Visite zugehört hatte, und machte mir eine Weile Gedanken über den Unterschied zwischen dumm zu erscheinen und es wirklich zu sein. Weiß man selbst, ob man dumm ist?
Wenn ich eine Rechenaufgabe gestellt bekam und rein mechanisch antwortete, war die Lösung meistens richtig. Sie kam aus dem Unterbewußtsein.
Aber wenn ich überlegte und probierte, hatte ich eine Sperre. Dann wußte ich die Lösung nicht und konnte sie auch nicht ausrechnen. Zwar wußte ich, wie man rechnet – diese Fähigkeit hatte ich nicht verloren. Aber mein Kurzzeitgedächtnis war so schlecht, daß ich die Zahlen nicht im Kopf behalten konnte, während ich rechnete.
Ich konnte nicht bis zehn zählen, weil ich etwa bei sieben den Faden verlor und nicht mehr wußte, ob ich bei sieben oder bei acht war.

31

Ich bin davon überzeugt, daß ich in den ersten sieben Nächten nach der »Veränderung« keine Träume hatte. Jedenfalls war irgend etwas anders als sonst, wenn ich schlief.
Es gab nur zwei Möglichkeiten: Wachen oder Schlafen. Bis ich einschlief, lag ich klarwach da. Ich erlebte nicht jenen schönen

Dämmerzustand vor dem Einschlafen. Und sobald ich aufwachte, war ich sofort wieder hellwach. Dehnte den Halbschlaf nicht noch eine Weile aus, wie ich sonst zu tun pflegte.
Wenn ich aufwachte und ebenso, wenn ich einschlief, spürte ich eine Art Enttäuschung. Wie wenn man Durst hat und Wasser trinkt, aber trotzdem noch genauso durstig ist wie zuvor.
Ich habe darüber nachgedacht. Das Gehirn besteht aus zwei Hälften, einer linken und einer rechten Hälfte. Nach Ansicht der Wissenschaftler hat sich die linke Gehirnhälfte auf Sprechen, Schreiben, Lesen und Rechnen spezialisiert. Dort sitzt also das Sprachzentrum, zumindest bei den meisten Menschen.
Die rechte Hälfte ist stumm. Ich habe aber gelesen, daß es in gewissen Fällen geglückt ist, ihr einzelne Wörter zu entlocken. Doch kann sie keine Sätze zusammenfügen. Dagegen ist sie gut in der Bildersprache. Man hat auch festgestellt, daß es die rechte Hälfte ist, die träumt.
Vielleicht war es so, daß ich mit der rechten Hälfte träumte, daß aber die linke es nicht schaffte, diese Träume zu formulieren? Daß ich träumte, aber die Träume nicht verarbeiten konnte, weil sie sich nicht in Wörtern und Sätzen ausdrücken ließen? Spürte ich deshalb eine solche Enttäuschung?
In der achten Nacht träumte ich wieder. Nicht nur einen Traum, sondern viele Träume. Die ganze Zeit über war mir bewußt, daß ich träumte. Nach jedem Traum wachte ich auf und stellte fest, daß ich noch einen Traum gehabt hatte. Ich ging ihn noch einmal durch, um ihn nicht zu vergessen. Als ich am nächsten Morgen aufwachte, wußte ich, daß ich vierzehn Träume gehabt hatte. Auf vier konnte ich mich besinnen. Ich, die ich nicht einmal bis zehn zählen konnte!
Es waren alles Alpträume.

32

Ich erinnere mich, daß ich viele Stunden damit zu tun hatte, meine vier Träume aufzuschreiben. Trotzdem sagen die Tagebuchnotizen nur wenig aus. Und die Träume, die mir damals voller Symbolik zu sein schienen, wirken oberflächlich und naiv.
Über den ersten Traum versuchte ich zu schreiben: »Habe Traum, Mann, 25 Jahre, Krieger, kriminell, Spitzbube, Polizei, griffen uns, laufen in den Wald ...«

Es ist nicht alles richtig geschrieben, aber man kann es entziffern. Daß ich ein so einfaches Wort wie »Wald« nicht schreiben konnte, ärgerte mich besonders, und ich übte es lange auf einem anderen Stück Papier. Ich meinte, ich sei darauf gekommen, schrieb es aber falsch. Sah das und zeichnete zwei Bäume.
Der zweite Traum handelte von Ulrika, meiner Freundin, die operiert worden war und erfahren hatte, daß sie sterben muß. Ich träumte, sie sei tot.
Im dritten Traum wollte ich einige Zahlen von einem Datenschirm abschreiben. Es gelang mir nicht, und die Zahlen verschwanden. Das war ein sehr unangenehmer Traum.
Im vierten Traum saßen zwei verrückte Männer auf einer Bank.
Jeder Traum ist mit nur wenigen Wörtern beschrieben. Mehr brachte ich nicht zustande.

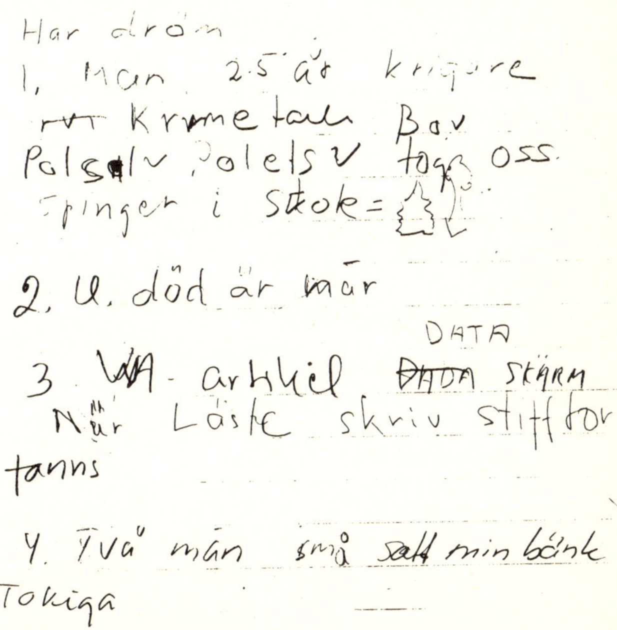

Har dröm

1, Man 25 år kriqare
rvt Krmetaln Bav
Polsalv Polets V tog oss.
Spinger i skok =

2. U. död är när

3 VA - artikel ~~DADA~~ DATA skärm
När Läste skriv stifflor
tanns

4. Två män små satt min bänk
Tokiga

Die im Text beschriebenen Notizen enthalten mehrere Schreibfehler, zum Beispiel »polets« statt »polis« (Polizei), »skok« statt »skog« (Wald), »stifflor« statt »siffror« (Zahlen, Ziffern).

33

Am 14. April besuchte ich zum erstenmal die Sprechstunde für Aphasie-Patienten.
Dort traf ich die Aphasie-Pädagogin Solweig Ramsing, die ruhig und sachlich mit mir über Aphasie sprach. Sie zeigte mir, wie das Gehirn aussieht und wo bei mir die Schädigung saß. Als ich mir das Bild vom Gehirn ansah, spürte ich, daß auch meine Auffassungsgabe gelitten hatte. Ich verstand das Bild nicht und hatte Mühe, Solweigs Gedankengängen zu folgen, als sie die Aphasie beschrieb.
Sie sagte, daß gewisse Zellen in meinem Gehirn immer noch betäubt seien. Wenn sie aufwachten, würde es mir besser gehen.
Solweig war realistisch. Sie überzeugte mich davon, daß ich auf dem Weg der Besserung war. Aber daß ich wieder ganz gesund werden würde, versprach sie nicht. Sie betonte, daß sehr viel von mir selbst abhinge und daß ein anstrengendes Stück Arbeit vor mir läge.
Während dieser Unterhaltung hätte ich große Angst bekommen können, denn mir wurde klar, daß auch mit meinem Verstand etwas nicht in Ordnung war. Solweig bat mich:
»Nimm den Kugelschreiber und leg ihn in die Schale!«
Sie zeigte nicht. Sie sagte es nur.
Und ich verstand nicht, was ich tun sollte. Begriff nur, daß es eine Aufforderung war.
Aber Solweig hatte mir von den betäubten Zellen erzählt, und ich war davon überzeugt, daß sie so allmählich wieder aufwachen würden.
Sie zeigte mir Bilder, unter anderen das Bild eines Hundes. Ich wußte sehr wohl, daß es ein Hund war, konnte aber nicht auf den Namen des Tieres kommen. Schließlich konnte ich es auf Englisch sagen: »dog«.
Ich bekam einen kurzen, einfachen Text zu lesen und kam schlecht damit zurecht.
Dagegen konnte ich meinen Namen und meine Adresse schreiben. Aber das hatte ich ja schon fast eine Woche lang geübt.

34

Was mit mir passiert war, habe ich ungefähr so verstanden:
In der linken Gehirnhälfte befindet sich das Sprachzentrum. Es ist in kleinere Zentren mit unterschiedlichen Funktionen unterteilt.
Eines davon, das sensorische Sprachzentrum, ist nach Carl Wernicke benannt.* Hier entstehen die Wörter und Sätze, die man sagen will. Hier werden auch die Wörter und Sätze, die man hört, gedolmetscht.
Dieses Zentrum war beschädigt. Deshalb konnte ich die Wörter nicht finden. Und deshalb verstand ich manchmal nichts. Wären alle Zellen in diesem Zentrum geschädigt worden, hätte ich überhaupt keine Wörter finden und auch nichts von dem verstehen können, was man zu mir sagte.
Wenn man die Wörter aussprechen will, müssen sie zu einem anderen Zentrum weitergeschickt werden. Dieses motorische Sprachzentrum ist nach Paul Broca** benannt. Hier sind die Zellen darauf spezialisiert, die Muskeln der Lippen, des Kehlkopfes, der Zunge und des Unterkiefers zu koordinieren, damit die Wörter ausgesprochen werden können.
Aber der Weg zwischen dem Wernickeschen Zentrum und dem Brocaschen Zentrum war blockiert. Deshalb kamen die Wörter wie ein Haufen kunterbunt durcheinandergeworfener Buchstaben aus meinem Mund. Die Zellen im motorischen Zentrum, die meine Sprechmuskeln in Gang setzen sollten, damit die Wörter richtig ausgesprochen würden, bekamen nicht die richtige Information.
Ganz in der Nähe des sensorischen Zentrums liegt ein Zentrum, das auf Lesen spezialisiert ist. Hier beschäftigen sich die Zellen damit, die Buchstaben zu deuten, um sie zu Wörtern zusammenzusetzen. Aber sie können die Wörter nicht auslegen. Damit ich verstand, was ich las, mußten die Wörter an das sensorische Zentrum weitergeschickt werden. Auch dieser Weg war nicht passierbar. Deshalb begriff ich nicht, was ich las.
Man nimmt auch an, daß es im Gehirn ein Schreibzentrum gibt. Wenn ich ein Wort schreiben wollte, mußte es zunächst aus dem sensorischen Zentrum geholt werden. Dann wurde es an das

* Carl Wernicke, deutscher Psychiater, 1848–1905, entdeckte das sensorische Sprachzentrum.
** Paul Broca, französischer Anthropologe und Chirurg, 1824–1880, entdeckte das motorische Sprachzentrum.

Schreibzentrum weitergeleitet, um in ein Schriftsymbol umgewandelt zu werden. Auch hier war schwer durchzukommen. Ich hatte das Wort, konnte es aber nicht zu den Zellen bringen, die die Kunst des Buchstabierens beherrschten.

Einmal wurde das erste Wort gesprochen. Man weiß nicht, wann das geschah. Man glaubt, daß es sich vor 500000 Jahren ereignete. Eins weiß man jedoch sicher. Dieses Ereignis veränderte das Leben auf der Erde.
Aus dem Wort wurde eine Sprache. Die Sprache führte zu neuen Fähigkeiten. Wir lernten lesen und schreiben. Wir lernten rechnen. Neue Gehirnbereiche, die für gerade diese Fähigkeiten von Bedeutung waren, wurden allmählich in Gebrauch genommen.
Und all das begann damit, daß wir das Wort erhielten. »Alle Dinge sind durch dasselbe gemacht und ohne dasselbe ist nichts gemacht, was gemacht ist«, heißt es im Johannes-Evangelium.

35

Ich zog meine Jeans an und fand, daß ich dünner geworden war.
»So schlank möchte ich auch mal sein«, sagte meine Mitpatientin Ester.
Ehe ich das Krankenhaus verließ, sollte ich noch einmal zum Stationsarzt kommen.
Seit ich Aphasie hatte, war es praktisch zum erstenmal wieder wichtig für mich, sprechen zu können. Bis jetzt hatte ich mich sehr passiv verhalten. Ich hatte nur gesprochen, wenn ich Lust hatte, und ob es klappte oder nicht, hatte keine so große Rolle gespielt.
Jetzt mußte ich Antworten auf eine Reihe von Fragen haben. Ich wollte zum Beispiel wissen, wie schonungsbedürftig ich war. Sollte ich soviel wie möglich ruhen? Oder sollte ich mich lieber viel bewegen, um mich zu kräftigen? Durfte ich Auto fahren? War es gefährlich, wenn ich rauchte? Zwar hatte ich mit dem Rauchen aufgehört, aber es war doch besser zu fragen. Wann sollte ich zur Nachuntersuchung kommen? Für wie lange würde ich krankgeschrieben werden?
Ester half mir, einige der Fragen aufzuschreiben. Selbst schrieb

ich, während ich darauf wartete, ins Sprechzimmer zu kommen: »Muß Besuch wann? von Essen? – Arbeite, koche (bereite Essen zu) – Male – Rauche«. Ich hatte auch »Psychische Müdigkeit – physische Müdigkeit« geschrieben, ohne Fehler. Ich wollte wissen, was ich gegen meine ständige Müdigkeit tun konnte.

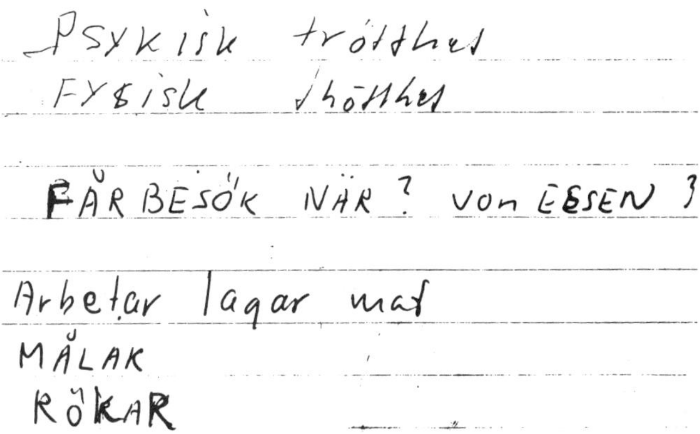
Psykisk trötthet
Fysisk trötthet
FÅR BESÖK NÄR? von ESSEN?
Arbetar lagar mat
MÅLAK
RÖKAR

Diese Notizen, siehe Text, sind bis auf einen Fehler: »rökar« statt »röker« (rauche), richtig.

Auf meine Unterredung mit dem Arzt war ich sehr gespannt. Würde ich klarkommen?
Es gelang mir, die Fragen zu stellen, ohne meinen Zettel zu zeigen. Aber nachträglich weiß ich, daß ich die Antworten nicht richtig verstand. Meiner Auffassung nach hätte ich zum Beispiel selbst Auto fahren dürfen. Aber auf diese Frage hatte ich sicher eine negative Antwort erhalten. Niemand darf während der ersten drei Monate nach einer Gehirnoperation Auto fahren.
Das erfuhr ich durch Zufall, als ich einen Monat später bei meinem Besuch verriet, wie ich zum Krankenhaus gekommen war. Zum Glück war es das erstemal, daß ich das Auto genommen hatte. Diese Begebenheit zeigt, wie gefährlich es sein kann, auf sein Auffassungsvermögen zu vertrauen, wenn man Aphasie hat.
Ich wurde zunächst für fünf Monate krankgeschrieben.
»Dann sehen wir weiter«, sagte der Arzt.

Kjell holte mich ab. Er ließ mich eine Weile im Flur vor der Station allein, um mit dem Auto näher heranzufahren. Während ich auf ihn wartete, bekam ich plötzlich Angst. Am liebsten wäre ich im Krankenhaus geblieben. Die Außenwelt kam mir so fremd und furchterregend vor. Ich war drei Wochen lang behütet und betreut worden. Nun war ich unsicher, ob ich da draußen zurechtkommen würde.
Es war Frühling. Als ich zuletzt draußen war, hatten wir noch Winter gehabt mit Schneematsch und Wind. Jetzt war es warm und schön. Die Sonne schien, und die Bäume begannen auszuschlagen.
Als ich das entdeckte, als ich die Sonne spürte und die Menschen auf der Straße vorbeigehen sah, wurde ich wieder ruhig. Ich war nun nicht mehr eine von denen da drinnen. Ich war eine von denen hier draußen. Ich gehörte zu den Gesunden!

36

Und dann war ich wieder zu Hause. Es war Gründonnerstag, und ich machte mit meinen Töchtern Pläne für die Ostertage.
Anfangs warteten sie ungeduldig, während ich nach Wörtern suchte. Ich sollte ja üben. Aber das vergaßen sie bald. Sie berichtigten und ergänzten, und das war nur gut. Anders wäre es einfach zu mühsam und trostlos geworden. So ähnlich geht es einem, wenn man sich in einer fremden Sprache ausdrücken muß, die man nicht beherrscht. Man ist dankbar, wenn jemand mit Wörtern aushilft, auf die man selbst nicht kommt, und das Gespräch weitergehen kann.
Sobald sie mir nicht halfen, glich das Ganze eher einer Lektion als einem Gespräch.
Da wir alle glaubten, daß ich bald wieder wie sonst sein würde, machte uns meine Ausdrucksweise sogar Spaß.
Wir wollten Lebensmittel einkaufen und stellten eine Liste auf. Ich mag gern Leberpastete und wollte sie mit auf der Liste haben. Aber »Leberpastete« konnte ich nicht sagen. Als ich es probierte, wurde es nicht einmal ein ähnliches Wort.
Ebensowenig konnte ich erklären, daß es ein Brotaufstrich ist. Zum Schluß wurde ein richtiges Fragespiel daraus.
Ich zeigte auf die Körperstelle, an der ich die Leber vermutete.

»Wie sieht es aus?« fragte Gabriella.
»Blau«, sagte ich und zeigte auf eine Farbe im Vorhang, die ins Bräunliche ging.

37

Das Telefon schwieg. Meine Freunde, Bekannten und Verwandten verhielten sich an diesem ersten Tag abwartend. Das war mir ganz recht, denn ich wagte noch nicht zu telefonieren.
Ich hatte viele Blumen und Bücher bekommen. Nun mußte ich versuchen, mich schriftlich zu bedanken.
Ich ging die Treppe hinauf in mein Arbeitszimmer. Da stand meine Schreibmaschine. Ich setzte mich hin, und alles war fast wieder wie sonst.
Es war mühsam gewesen, mit der Hand zu schreiben. Teils war ich nicht daran gewöhnt, teils schrieb ich auch schon unleserlich, bevor ich Aphasie bekam. Jetzt machte es mir zusätzlich Mühe, den Buchstaben Haltung beizubringen. Ich schrieb wie ein Kind, das gerade schreiben gelernt hat.
Auf der Schreibmaschine waren alle Buchstaben säuberlich aufgereiht, und ich fand die Tasten ebenso schnell wie sonst.
Aber es half wenig zu wissen, wo die Buchstaben lagen, wenn ich nicht wußte, welche ich brauchte. Und natürlich war es ebenso schwer, einen Satz mit der Schreibmaschine zu formulieren wie mit dem Kugelschreiber.
Da ich so lange überlegen mußte, was und wie ich schreiben sollte, erwies es sich schließlich doch als leichter, es zunächst mit der Hand zu tun.
Ich begann mit einem Brief an meine Arbeitskollegen.
Ich brauchte mehrere Stunden, um den Brief zu schreiben, und einen ganzen Tag, ihn mit der Maschine abzutippen. Er sah sicher besser aus, nachdem ich alle Streichungen und Verbesserungen weggelassen hatte. Aber trotzdem. Wie sollte jemand, der ihn las, glauben, daß ich in einigen Monaten wieder an meinen Arbeitsplatz zurückkehren könnte? Zu einer Arbeit, die darin bestand, etwas so zu schreiben, daß es gedruckt und von Hunderttausenden von Menschen gelesen werden kann?
Heute hätte ich diesen Brief nicht abgeschickt, aber damals war ich sichtlich mutiger. Vor allem sah ich mein Handicap als vorübergehend an. So überzeugt war ich davon, daß es keine Rolle für mich spielte, wie ich schrieb.

Ich hatte keine Angst, mich zu blamieren, und das war, glaube ich, für meine Gesundung wichtig. Ich schämte mich nicht vor den Menschen, die mich kannten. Sie würden doch verstehen, daß ich im Grunde genauso war wie früher.
Jemand um Hilfe zu bitten, war ausgeschlossen. Das hätte bewiesen, daß ich nicht allein klarkomme. Und das wollte ich nicht zugeben.

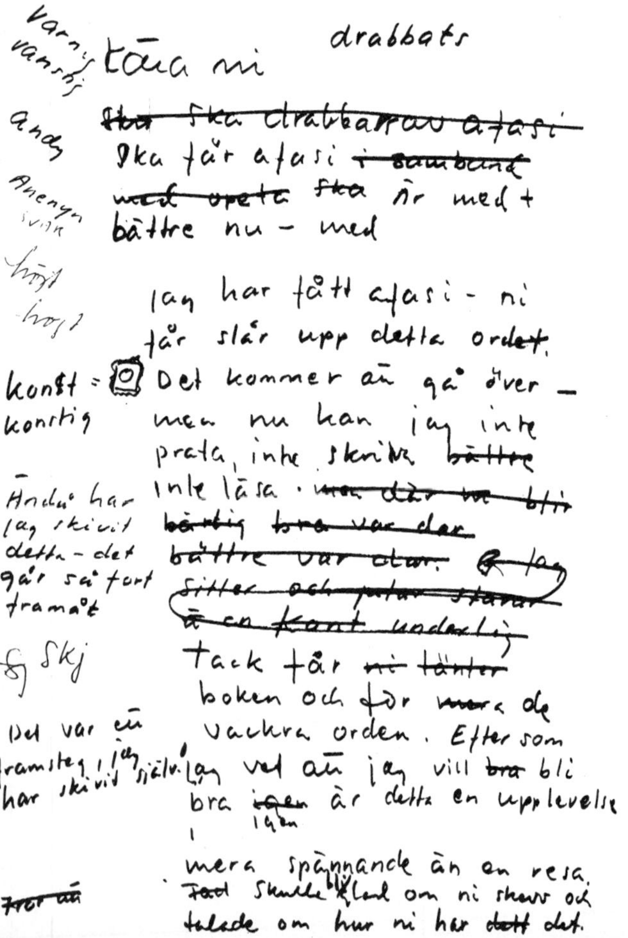
drabbats
tåla ni
~~Ska ska drabbas av afasi~~
Ska får afasi ~~i samband~~
~~med opera~~ ~~ska~~ är med +
bättre nu – med

Jag har fått afasi – ni
får slå upp detta ord~~et~~.
konst = Det kommer att gå över –
konstig men nu kan jag inte
prata, inte skriva ~~bättre~~
inte läsa. ~~men där ve bli~~
~~bättig bra var dar~~
~~bättre var dar.~~
~~jag sitter och pratar stanar~~
~~å en Kant underlig~~
Tack får ~~ni tänter~~
boken och för ~~mera~~ de
vackra orden. Efter som
jag vet att jag vill ~~bra~~ bli
bra ~~igen~~ igen är detta en upplevelse
mera spännande än en resa.
~~Jad~~ Skulle bli glad om ni skrev och
~~talade~~ om hur ni har ~~dett~~ det.

Ändå har jag skrivit detta – det går så fort framåt

Det var ett framsteg i jag själv jag har skrivit

38

Mein Chef hieß Calle. Er ist ein Vetter des Arztes, der mich operierte.
Calle hatte während der ganzen Zeit mit dem Krankenhaus in Verbindung gestanden. Er hatte betont, erzählte sein Vetter, wie wichtig es sei, daß ich die denkbar beste Behandlung erhielt. Das war ja nicht so bemerkenswert. Die meisten Arbeitgeber, deren Vettern Oberärzte sind, würden das wohl in einer solchen Situation tun. Aber Calle tat noch etwas anderes. Ich wünschte, alle Chefs täten es, wenn ein Mitarbeiter Aphasie bekommt.
Calle sorgte dafür, daß ich über alles, was im Büro passierte, unterrichtet wurde. Ich bekam alle internen Informationen. Außerdem teilte er mir mit, daß er sich mit mir treffen wollte, sobald ich mir das zutraute. Ich sollte den Kontakt zu meiner Arbeit nicht verlieren.
Die Krankenkasse mag sagen, was sie will. Aber dies war die beste Medizin, die ich zu diesem Zeitpunkt bekommen konnte.
Ich wollte noch etwas damit warten, andere Menschen außer meiner Familie zu sehen. Aber Roy J. kam trotzdem. Mit einem großen Strauß gelber Tulpen und frischem Klatsch aus dem Büro. Es war gut, daß er das tat. Je schneller meine selbstgewählte Isolation durchbrochen wurde, desto besser.

(Siehe Abbildung Seite 52) Der geschriebene Text, teilweise durchgestrichen, enthält viele Fehler und Verbesserungen und bedeutet sinngemäß etwa: »Ihr Lieben – Soll von Aphasie betroffen sein – soll Aphasie bekommen haben – in Zusammenhang mit Operation – bin dabei ... bin nun besser – Ich habe Aphasie bekommen – Ihr müßt dieses Wort nachschlagen – Es wird vorübergehen – aber nun kann ich nicht sprechen, nicht schreiben, besser, nicht lesen, aber werde nun jeden Tag besser. Heute sitze ich und suche, buchstabiere ... sonderbar ... Dank dafür, daß Ihr das Buch geschickt habt und für mehr, die netten Worte. Da ich weiß, daß ich wieder gesund werden will, ist dies ein Erlebnis – spannender als eine Reise. Wäre froh, wenn Ihr schreiben würdet und erzählen, wie es Euch geht ...« Am Rande nach Versuchen, einzelne Wörter zu schreiben, die Andeutung eines Bildes für den Begriff »konst« (Kunst, dagegen ist »konstig« = komisch, merkwürdig) ... »Doch habe ich dieses geschrieben – es geht so schnell voran – Das war ein Fortschritt, ich habe selbst geschrieben – glaube, daß ...«

Roy saß auf meinem Sofa, und ich spürte seine Unsicherheit. Wie soll man sich verhalten? Soll man mit ihr über ihre Behinderung sprechen, oder soll man so tun, als ob man nichts davon merkt?
Ich saß neben Roy und stotterte und machte Fehler. Allmählich gelang es mir, ihm klarzumachen, daß ich es nicht übelnahm, wenn er berichtigte und ergänzte. Danach konnten wir fast wie gewöhnlich miteinander plaudern.
Es war ein so gutes Gefühl. Wie feinfühlig können Menschen sein, wenn sie spüren, daß sie helfen können!

39

2 maj 1976

<u>Att läsa</u>

Det är fortfarande som ätt läsa ett främmande språk om vilket man inte vet många ård. xMxx Innan man unit (så jxx har jag nu detta ordet, unit, måste vara rätt, jxx kan jxx inte få många någon annan stavning, det låter ju så också. Försöker igen UNRIK fel. Tänker på ordet. Varifrån kommer den från? Av hinna. Det hittade jag ordet. HUNNIT? Fel igen. Hinna, hann, hun... gå inte. Hundigt. Fel.

När jag läser brukar det gå bra under de första radera eller eller hela stycket. Det så(fattar kxxt rak) var är du detta bortet? Vad är jxx det jag tappar . Rätt) Dxt Men så fattar jag innehållet, läser utan att se. Jag ser xxdxxx xkk orden men tillsammans har de inget innehållet. Jag tror att jxx om jag var annorlunda, myra sysmetatisk, då skulle jag förstår. Jxx Nu är var för otålig, blir för trött.

Der Text, in dem es wieder viele Fehler, Verbesserungen und Streichungen gibt, beginnt sinngemäß:
»2. Mai 1976 – Lesen – Es ist immer noch so, als ob man eine fremde Sprache liest, von der man nicht viele Wörter weiß. Bevor man es ...« Nun folgt die Suche nach der Schreibweise von »hunnit« (erreicht, geschafft) – siehe Text. Danach heißt es etwa: »Wenn ich lese, pflegt es während der ersten Zeilen gut zu gehen – oder das ganze Stück ... Aber dann erfasse ich den Inhalt, lese, ohne zu sehen ... Ich sehe die Wörter, aber zusammen haben sie keinen Sinn. Ich glaube, wenn ich anders wäre, mehr systematisch, würde ich verstehen. Nun bin ich zu ungeduldig, werde zu müde.«

Dies ist ein Beispiel dafür, wie ich mir meine Probleme von der Seele schrieb. Ich hatte beschlossen aufzuschreiben, wie es ist, wenn man nicht lesen kann.
Ich stockte bei einem Wort, mit dem ich nicht klarkam. Ich wollte »hunnit« schreiben und sagte das Wort vor mich hin. Versuchte, die Buchstaben herauszuhören, aber es gelang mir nicht. Sah, daß es falsch wurde. Konnte nicht darauf kommen, mit welchem Buchstaben ich anfangen mußte. Schließlich schrieb ich »HUNNIT«, merkte aber nicht, daß es richtig war.
Da es mir Freude machte, meine Gedanken zu Papier zu bringen, übte ich viel, ohne daß es mir langweilig wurde. Aber zuweilen konnte es eine Stunde dauern, bis ich auf ein einziges Wort kam.

40

Wenn man Texterin ist, sind Zeitungen ein notwendiges Arbeitsmaterial. Jeden Tag kamen vier Morgenzeitungen ins Haus, und ich erhielt noch eine Menge Wochenblätter mit der Post.
Von dieser Flut immer neuer Zeitungen hatte ich großen Nutzen, als ich jetzt wieder lesen lernte. Schon in der ersten Zeit, als ich praktisch noch nichts von dem begriff, was ich las, ging ich jeden Tag die Morgenzeitungen durch.
Während der ersten Woche zu Hause konnte ich nur die Schlagzeilen und Bildtexte leidlich lesen.
Es war unerhört ermüdend zu versuchen, all dies Gedruckte zu verstehen. Als ich allmählich auch Texte zu lesen begann, kam ich nur voran, wenn sie mich wirklich interessierten.
Zeitungen waren leichter zu lesen als Bücher, denn um mein Interesse wachzuhalten, brauchte ich jetzt Abwechslung. Zeitungen enthalten kurze und lange Rubriken und Artikel, kleine und große Titelzeilen, verschiedene Schriftarten, Bilder und auch Vorspänne, die Zusammenfassungen geben. Falls eine Seite das Interesse nicht fesselt, braucht man nur zur nächsten überzugehen.

41

Menschen mit Aphasie leiden oft an einer Lähmung des rechten Armes. Die linke Gehirnhälfte ist geschädigt, und sie ist es, die die rechte Körperseite steuert.
Durch meinen Hirnschaden hatte ich keine solche Behinderung. Jedenfalls nichts, was man als Behinderung bezeichnen müßte. Aber während der ersten Tage hatte ich rechtsseitig weniger Gefühl. Mein rechter Arm benahm sich ungeschickt, und ich vermerkte dankbar, daß ich die tägliche Spritze in die rechte Poseite nicht spürte.
Was blieb, war ein vermindertes Wärmegefühl der rechten Hand. Ich merkte nicht, ob das Wasser warm oder kalt aus dem Hahn kam, wenn ich es mit der rechten Hand anfühlte. Zumindest dauerte es eine Weile.
Jetzt habe ich mich daran gewöhnt, immer die linke Hand zu nehmen, wenn ich zum Beispiel prüfen will, wie warm die Heizung ist. Nehme ich statt dessen die rechte Hand, merke ich zwar neuerdings, ob der Heizkörper warm ist. Aber er fühlt sich anders an als mit der linken Hand. Anscheinend dauert es länger, bis das Signal »warm« oder »kalt« ins Bewußtsein dringt.

42

Meine jüngste Tochter bekam Gehirnhautentzündung, als sie achtzehn Monate alt war. Sie hatte früh angefangen zu sprechen, und einige Tage vor ihrer Erkrankung hatte ich eine kleine Sprechübung mit ihr gemacht. Ich sagte ein Wort, und sie sprach es nach. Die Wörter wurden immer schwerer. Sie hielt mit, bis ich fragte:
»Kannst du ›Ecklesiastikminister‹ sagen?« *
Sie dachte ein wenig nach und antwortete:
»Jaha!«
Sie war ein schnell denkendes Kind.
Drei Tage und drei Nächte lag sie bewußtlos, und als sie aufwachte, war sie rechtsseitig gelähmt. Sie sprach auch nicht mehr.
Im Krankenhaus versuchte man, ihre Bewegungsfähigkeit wie-

* früher etwa: Unterrichts-, Kultusminister

der in Gang zu bringen. Man reichte ihr ein Spielzeug, zog es aber zurück, wenn sie es mit der linken Hand greifen wollte. Der neunzehnte Monat muß voller Enttäuschungen für sie gewesen sein.

Als sie wieder zu Hause war, verschwand die Lähmung fast sofort. Aber sie verständigte sich nicht mit Wörtern, sondern entwickelte eine Körpersprache. Sie wollte bei allen auf dem Schoß sitzen und umarmte selbst fremde Menschen, die sie auf der Straße traf.

Als sie vier Jahre alt war, begann sie zu sprechen. Aber als sie in die erste Klasse ging, konnte sie einige Wörter immer noch nicht sagen. Sie machte den Lehrern viel Mühe, und die meisten gaben auf. Sie hatte große Schwierigkeiten, die Buchstaben zu erlernen, und es dauerte lange, bis sie lesen konnte.

Sie machte zahlreiche psychologische Untersuchungen durch und bekam Beruhigungsmittel, damit die Umgebung besser mit ihr zurechtkäme.

Als sie in die sechste Klasse kam, wechselte sie die Schule. Vom ersten Tag in dieser Schule hat sie mir eine Episode erzählt. Ein Erlebnis, das bezeichnend dafür ist, wie sie sich damals fühlte.

Sie war völlig neu in der Klasse und kannte keins der Kinder. Sie war vom Lehrer noch nichts gefragt worden und hatte mit keinem der neuen Mitschüler gesprochen. In der Pause kam ein Mädchen auf sie zu und sprach sie freundlich an.

»In diesem Augenblick empfand ich, daß ich als ein ganz normales Mädchen angesehen wurde«, erzählte sie. »Aber ich wußte, ich würde mich verraten, sobald ich den Mund öffnete und antwortete. Dann würde das andere Mädchen merken, daß ich dumm war.«

Wäre das passiert, als sie noch jünger war, hätte sie vielleicht um sich geschlagen oder wäre weggelaufen. Oder sie hätte irgend etwas anderes Unerwartetes getan, um sich aus dieser Situation zu befreien. Jetzt tat sie so etwas nicht mehr. Nun mußte sie antworten.

Dieses Erlebnis wurde entscheidend für sie. Das Mädchen, das sie ansprach, wurde nämlich ihre beste Freundin. Diesmal hatte sie es geschafft und war wie ein ganz normales Mädchen betrachtet worden. Sie hatte den ersten Schritt auf dem Weg zum Selbstvertrauen getan.

Meine Tochter hatte die gleichen Symptome wie ich, und ich kann deshalb verstehen, wie es ihr erging. Auch sie muß im

Sprachzentrum geschädigt gewesen sein. Aber ein Kind, das solche Schwierigkeiten hat, weiß nicht, daß der Schaden behoben werden kann. Für sie gab es nur eine Erklärung: Sie war nicht so tüchtig wie die anderen.
Sie konnte sich schlecht konzentrieren. Das ging mir genauso. Als ich Aphasie hatte, war ich sehr anfällig für Störungen. Ich konnte zum Beispiel nicht lesen, wenn das Radio eingeschaltet war. Ich konnte die schwedischen Übersetzungen auf dem Fernsehschirm nur aufnehmen, wenn ich den Ton abstellte. Und natürlich konnte ich nicht schreiben, wenn es nicht vollkommen ruhig im Haus war.
Sobald ich mehrere Geräusche auf einmal hörte, wurde daraus ein Rauschen, und ich verstand gar nichts mehr.
Dieses Handicap ist nicht ganz verschwunden. Kommt jemand, um mir etwas mitzuteilen, während ich telefoniere, muß ich das Gespräch abbrechen oder den Betreffenden bitten, still zu sein. Deshalb verstehe ich, wie es meiner Tochter erging. In der Schule wird oft durcheinandergeredet, und es geht im Unterricht selten ruhig zu. Da muß man abschalten können, wenn man etwas lernen will.
Vom Unterricht hatte sie nichts. Sie sagte den Lehrern nicht, daß sie Ruhe um sich herum brauchte, um schreiben und lesen zu können. Sie glaubte ja, es ginge allen ebenso wie ihr, aber nur sie wäre so dumm, nichts zu begreifen.
Sie wuchs heran und hatte das Glück, eine Arbeit zu bekommen, für die sie sich eignete. Sie stellte fest, daß sie gut damit fertig wurde, sogar besser als manch andere. Das stärkte ihr Selbstvertrauen. Sie hatte nicht mehr soviel Angst davor, Dinge zu tun, die ihr schwerfielen. Und so interessierte sie sich allmählich auch für Lesen und Schreiben.
Jetzt liest und schreibt sie so gut wie andere. Außerdem hat sie mehr Interesse und Verständnis für ihre Mitmenschen als manch anderer. Das macht es ihr leicht, Kontakt zu bekommen und Freunde zu gewinnen. Sie ist ein harmonischer Mensch, der im Leben viel Gutes tun kann.

43

Es verging reichlich eine Woche, bis ich allein aus dem Haus zu gehen wagte. Draußen unter Menschen fühlt man sich unsicher, wenn man nicht weiß, ob man antworten kann, wenn

man angesprochen wird, oder ob man fragen kann, wenn es nötig ist.
Nun wollte ich die Aphasie-Sprechstunde besuchen. Ich ging in der Frühjahrssonne bis Korsvägen und nahm dort den Bus zum Sahlgrenska.
Als wir uns dem Krankenhaus näherten, zog ich an der Schnur, damit der Bus an der nächsten Haltestelle anhalten sollte. Dann stellte ich mich an den Ausgang.
Sonderbarerweise wollte sonst niemand aussteigen. Und die Tür ging nicht auf! Wie sollte ich sie öffnen? Obgleich ich schon so viele Male mit dem Bus gefahren war, wußte ich es nicht. Ich stand da wie ein Idiot.
Der Busfahrer rief durch den Lautsprecher:
»Willst du aussteigen, oder ...?«
Aber ich wagte nicht zu fragen, wie man die Tür öffnet. Ich blieb bis zur nächsten Haltestelle stehen, und jemand anders öffnete die Tür.
Das schlimmste war nicht meine Ungeschicklichkeit. Es war das Gefühl der Unterlegenheit. Ich war die Dümmste von allen, und der Busfahrer war mir himmelhoch überlegen.
Ich wußte nicht genau, wo sich die Aphasie-Sprechstunde befand. Von der Station aus war ich durch die Krankenhausflure hingegangen. Nun mußte ich an der Pforte nach dem Weg fragen. Sicherheitshalber hatte ich das Wort »Aphasie-Sprechstunde« auf einen Zettel geschrieben. Es war ja so schwer zu sagen.
Ich zeigte dem Pförtner den Zettel. Er sah flüchtig darauf, dann guckte er mich an und fragte:
»Ja, aber was steht denn da?«
Ich sagte es. Ohne zu stottern.

44

Von Solweig bekam ich ein Arbeitsbuch: »Wortlehre 4«. Ich mußte froh sein, daß ich nicht mit »Wortlehre 1« anzufangen brauchte.
Eine der ersten Aufgaben war, aus zwei Wörtern zusammengesetzte Wörter zu bilden. Ein Beispiel zeigte, wie man es machen sollte: »Kabine für Führer« – »Führerkabine«.
Nun mußte ich aus »Kabine für Passagiere« ein Wort bilden.
Ich wußte nicht, ob es »Passagierkabine« oder »Kabinenpassa-

giere« heißen mußte, und stellte fest, daß ich nicht mehr logisch denken konnte. Wenn man nicht einmal so etwas schafft, kann man dann überhaupt denken? fragte ich mich. Logik ist doch wohl eine notwendige Voraussetzung für den Denkvorgang?
Andere Aufgaben bestanden darin, für bestimmte Wörter Synonyme zu finden und zu beschreiben, was Bilder darstellten.
Ich sollte auch drei fehlende Buchstaben in ein Schema einsetzen, das schon die Buchstaben SKÖIG enthielt. Es ging um eine andere Bezeichnung für »elend, schwach, zerbrechlich«.
Das war nicht ganz leicht. Durch die vorhandenen Buchstaben entsteht ein anderes Wortbild.
Um R, P und L einzusetzen und so das Wort »SKRÖPLIG« zu finden, brauchte ich Hilfe. Doch auch die herbeieilende Hilfskraft, die gewiß nicht an Leseschwäche litt, schaffte es nicht auf Anhieb.

45

Ich ging zum Zeitungsstand, um die Abendzeitungen zu kaufen. Sie kosteten damals 1,75 Kronen das Stück. Wieviel ist zweimal 1,75?
So etwas braucht man nicht auszurechnen. Das weiß man.
Auch wenn ich nicht mehr addieren, multiplizieren und Zahlen im Kopf behalten konnte, mußte ich es wissen.
Aber ich wußte es nicht.
»3,50«, sagte das Mädchen am Zeitungsstand. Ich gab ihr fünf Kronen. Ich hätte ihr drei Einkronenstücke, 25 Öre, 5 Öre und zweimal 10 Öre geben können, denn sicher hatte ich diese Münzen im Portemonnaie. Aber ich »sah« nicht, daß zwei Zehner und ein Fünfer 25 Öre ergeben. Es wäre eine umständliche Rechnerei geworden, und sicher hätte ich falsch gerechnet. Es ist belastend, in einer Schlange zu stehen und ausrechnen zu müssen, wieviel Kleingeld man braucht, um zwei Zeitungen zu kaufen.

Ich hatte von Solweig auch ein Buch mit Rechenübungen bekommen. Im Vorwort steht, daß es »mit Rücksicht auf Schüler mit großen Schwierigkeiten beim Rechnen« ausgearbeitet wurde.
Ich sollte einfache Zahlen ausrechnen. Jede Zahl entsprach einem Buchstaben. Zu guter Letzt sollte ich aus den Buchstaben einen Namen bilden.

Bald merkten wir, daß dies nicht das richtige Training für mich war. Ich hatte nicht vergessen, wie man rechnet, und auch das Einmaleins fiel mir allmählich wieder ein. Mein Problem war, daß ich ein so schlechtes Kurzzeitgedächtnis hatte und deshalb die Zahlen nicht behielt. Ich konnte multiplizieren und dividieren, wenn ich den Stift benutzte. Aber die einfachsten Aufgaben konnte ich nicht im Kopf rechnen.
Das mußte ich also trainieren. Aber es kam mir vor, als ob ich auf einer Maschine mit verdeckten Tasten schriebe. Ich war zu ungeduldig, nur um des Übens willen zu üben.
Dieses Rechentraining muß ich mir in der harten Schule des Lebens aneignen, dachte ich. Jetzt zähle ich lieber nach, wieviel von dem Geld übriggeblieben ist, das ich von der Krankenkasse bekommen habe. Ob ich es mir also leisten kann, mir einen neuen Mantel zu kaufen.

46

Von Gunnar Adler-Karlsson war ein neues Buch erschienen, »Lehrbuch für die 80er Jahre«. Das wollte ich für Kjell kaufen. Ich ging zu Gumperts, einer Göteborger Buchhandlung. Schaute in die Regale. Fand das Buch nicht. Wagte nicht zu fragen. Merkte, daß ich den Titel nicht sagen konnte. Nahm einen Zettel und versuchte, ihn aufzuschreiben. Wußte nicht, wie ich »die 80er Jahre« schreiben sollte. Wie schrieb man »die 80er«? Plötzlich wußte ich es nicht mehr.
Ich ging weiter zum Kaufhaus NK und zeigte den Zettel, den ich geschrieben hatte. Sah die Verkäuferin ängstlich an. Was würde sie sagen? Wenn ich nicht spräche, würde sie mich vielleicht für eine Ausländerin halten. Dann wäre es auch erklärlich, daß ich falsch schrieb.
Offenbar begriff sie aber, was auf dem Zettel stand, denn sie antwortete, das Buch sei ausverkauft.
Ich war sehr müde. Entschloß mich, den Bus zu nehmen und zu Wettergrens Buchhandlung zu fahren. Konnte nicht daraus klug werden, wie die Busse fuhren. Der Bus, den ich nahm, bog in eine ganz andere Richtung ab. Nahm dann die Straßenbahn bis Avenyn. Bei Wettergrens stand das Buch im Regal.
Dann gab ich Kjell das Buch. Wenn er wüßte, wie viele Anstrengungen es mich gekostet hatte, es zu kaufen! Ich hatte hineingeschrieben: »Dieses Buch habe ich gekauft, ohne spre-

chen und schreiben zu können. Es ist ein kleines Geschenk von mir für Dich, der mein bester (ich schrieb ›besserer‹) Freund ist.«

47

11 maj

Försöker tänka.Försöker tänka på min situation.
Vad jag kunde göra med den. Visste att jag
tänkt mycket på denna konstiga världen innan
tankarna svek mig. Skillnaden mellan sjuk och
frisk. Mellan klok och dum. Men varje tanke blir
bara ett fragment. Jag bygger upp en mening men det
kommer ingen fortsättning av sig själv. Detta är ett av
de stora förändringarna. Att inte ha sig själv att
resonera med. Mina tankar ger mig ju sällskap ska ju
vara som en väv. Jag saknar den väven.

»11. Mai
Versuche zu denken. Versuche, an meine Lage zu denken. Was ich daraus machen könnte. Wußte, daß ich viel über diese sonderbare Welt nachgedacht hatte, bevor die Gedanken mich im Stich ließen. Der Unterschied zwischen krank und gesund. Zwischen klug und dumm. Aber jeder Gedanke bleibt nur ein Fragment. Ich baue einen Satz auf, aber es kommt keine Fortsetzung von selbst. Das ist eine der großen Veränderungen. Daß man sich nicht mehr mit sich selbst unterhalten kann. Meine Gedanken leisten mir doch Gesellschaft, sollen ja wie ein Gewebe sein. Ich vermisse dieses Gewebe.«

Ich hatte nicht nur die Fähigkeit verloren, zu sprechen, zu lesen und zu schreiben. Ich dachte auch nicht mehr so schnell wie früher.

Festzustellen, daß man Gelerntes verloren hat, ist eine Sache. Man kann es neu lernen. Daß einem das Denken schwerfällt, ist eine andere Sache. Wie lernt man denken? Und wenn es mir schon Mühe machte zu denken, wie sollte ich da lesen und schreiben lernen?

Ich glaube nicht, daß ich darüber mit auch nur einem einzigen Menschen sprach. Da mein Wortschatz dürftig war, konnte ich so komplizierte Gedankengänge auch gar nicht ausdrükken.

Aber bevor ich abends einschlief, trainierte ich meine Fähigkeit zu denken. Ich versuchte, meine Lage zu analysieren, mir die Folgen vorzustellen, zwischen heute und früher zu vergleichen.

Was geschieht, wenn man denkt? Ein Gedanke taucht auf, und dieser Gedanke löst einen neuen aus. Man kramt Erinnerungen und Erfahrungen hervor, verknüpft sie miteinander und zieht Schlüsse.

Man denkt darüber nach, wie andere sich verhalten, und versucht herauszufinden, woran das liegt. Der Kopf ist ständig in Betrieb. Das bewirkt, daß man nicht auf der Stelle tritt, sondern sich im Gleichmaß mit den Erfahrungen, die man macht, und den Gedanken, die man denkt, entwickelt.

Was passiert, wenn all dies ins Stocken gerät? Wenn jeder neue Gedanke, der auftaucht, isoliert ist und nicht den anderen auslöst?

Es war nun nicht so, daß ich an jenen Abenden auszuklügeln versuchte, wie man denkt. So weit konnte ich gar nicht denken. Aber ich empfand, daß etwas nicht stimmte. Daß jeder Gedanke isoliert blieb. Es wurden immer nur Bruchstücke statt eines konstruktiven Gedankengangs.

Das schlimmste war nicht, daß es mir den anderen gegenüber peinlich war, so gedankenträge zu sein. Das schlimmste war, daß ich meiner selbst so überdrüssig wurde. Ich bin immer gern allein gewesen. Ich habe mich in meiner eigenen Gesellschaft wohlgefühlt. Nun war an dieser Gesellschaft nicht mehr viel dran.

Wenn das so weiterginge, würde ich sehr viel abhängiger von anderen werden.

Jemand erzählte, Tore Broman habe in seinem Buch »Aphasie« geschrieben, daß es gewissen Aphasie-Patienten schwerfalle, Sprichwörter zu verstehen. Zum Beispiel »Kleine Ursachen haben oft große Wirkungen«.

Ich konnte nicht erklären, was mit diesem Sprichwort gemeint war. Nicht nur, daß ich es nicht auszudrücken vermochte. Ich begriff nicht einmal den Sinn.

Ich versuchte es mit einigen anderen Sprichwörtern, zum Beispiel »Besser ein Vogel in der Hand als zehn im Wald« und »Eine Schwalbe macht noch keinen Sommer«, und sah ein, daß ich eine Aphasie-Patientin war, die Mühe mit Sprichwörtern hatte.

Mein Gehirn sehnte sich nach Arbeit. In der Zeitschrift »VI« (»Wir«) gab es jede Woche eine Denkaufgabe unter dem Titel »Erkennst du den Menschen?« Drei Persönlichkeiten aus der Geschichte, der Literatur oder aus unserer Zeit wurden auf sehr amüsante Art verschlüsselt beschrieben, und es galt herauszubekommen, wer sie waren. Die Aufgaben waren ziemlich schwer, und ich hatte sie früher oft nicht geschafft. Nun kam ich zu einem Entschluß: In der Woche, in der ich alle Aufgaben löse, kann ich wieder denken!

Ende Mai war es soweit. Da gelang es mir auch dahinterzukommen, was die Sprichwörter bedeuteten.

48

13 maj 1976

Jag fungerar på ett så dåligt sätt. Det dröjer så länge innan jag reagerar. Det allting är över för motparten då börjar det för mig:

Fägxtx För första gången sedan "förändringen" blir jag nu kunda skriva igen.

Jag verkar vara på väg tillbaka från "barnstadiget".

Det hemska är att jag vill inte. Jag är trött. Jag vill inte ta ställning till någonting. Jag vill inte ha ansvar. Bara trött.

Jag räkna inte pengar, försöker inte ens. Jag tar ingen strid. Känner ingen entusiasm. Skulle helst bara sova.

Igår längtade jag tillbaka till sjuksjukets. Svårt sjuk, det gör inget om det gör ont. Var gör det görxdetxgör om det är gör ont i ett benx eller i kroppen, var som helst. Det är ju bara i kroppen. Den man få enxxxxxxx spruta.

Det berörs bara en själv. Ingen annan xxxxxxxxxxxxxxx xxxx har ont. Jag miste ingen.

Gode gud hjälp mig att gå igenom denna förändring med en större styrka än vad jag hade förut. Jag måste ha styrka. Jag vore inte vara så trött.

Jag vet, att det beror på mig själv ~~[illegible]~~ om jag kan göra
två liv till ett liv. Om jag är jag, om jag kan stå rak
så ~~[illegible]~~ behöver jag inte ~~[illegible]~~ avstå från gången.

»13. Mai 1976
Ich funktioniere auf eine so miserable Weise. Es dauert so lange, bis ich reagiere. Wenn alles für den Gesprächspartner schon vorbei ist, beginnt es für mich!
Zum erstenmal seit der ›Veränderung‹ beginne ich nun wieder, schreiben zu können.
Es scheint, daß ich auf dem Weg zurück aus dem ›kindlichen Stadium‹ bin. Das schlimme ist, daß ich es nicht will. Ich bin müde. Ich will zu nichts Stellung nehmen. Ich will keine Verantwortung haben. Nur müde.
Ich zähle mein Geld nicht nach, versuche es nicht mal. Ich streite mich nicht. Empfinde keine Begeisterung. Würde am liebsten nur schlafen.
Gestern sehnte ich mich nach dem Krankenhaus zurück. Schwer krank, es macht nichts, wenn es weh tut. Was macht es, wenn es in einem Bein oder im Körper weh tut, wo auch immer. Das ist ja nur im Körper. Dagegen kann man eine Spritze bekommen. Es betrifft nur einen selbst. Kein anderer leidet. Ich verliere niemanden.
Guter Gott, hilf mir, daß ich diese Veränderung durchstehe mit einer größeren Kraft, als ich sie bisher hatte. Ich müßte Kraft haben. Wenn ich nur nicht so müde wäre.
Ich weiß, daß es von mir selbst abhängt, ob ich zwei Leben zu einem Leben machen kann. Wenn ich ich bin, wenn ich für mich geradestehen kann, dann brauche ich niemanden aufzugeben.«*

Ich hatte genügend Zeit, über mich nachzudenken und mich zu beobachten. Meine Rehabilitierung machte verhältnismäßig gute Fortschritte. Es war deshalb nicht meine Sprech-, Schreib- und Leseschwäche, die mich am meisten bekümmerte. Es waren die seelischen Veränderungen, die mich beunruhigten.
Ich glaube, daß ich früher ziemlich rastlos war. Ein energischer Mensch, der schnell sprach, rasche Schlüsse zog und es liebte, sich in Diskussionen einzulassen. Nun merkte ich, daß ich mich verändert hatte. Nicht nur, daß ich langsamer sprach. Ich fand, daß alles bei mir langsamer ging.
Früher war mein Tag beinahe Minute für Minute eingeteilt ge-

* Hier gibt es wieder viele Auslassungen, Verbesserungen, Form- und Schreibfehler. Aus dem Text wird die Angst deutlich, Kjell zu verlieren.

wesen. Nun konnte ich stundenlang dasitzen, ohne etwas zu tun. Die Zeit stand still. Es machte mir nichts aus, in einer Schlange zu stehen oder lange in einem Wartezimmer zu sitzen. Ich wartete einfach und ließ die Zeit verstreichen.
Das kam sicher vor allem daher, daß ich Zeit hatte, vielleicht zum erstenmal, seit ich erwachsen war. Aber ich schätzte die Zeit wohl auch anders ein. Sie war so bedeutungslos geworden. Es gefiel mir, einfach nur dazusitzen. Oder im Gras zu liegen und in den Himmel hinaufzusehen.
Wie aus den Tagebuchnotizen hervorgeht, merkte ich auch, daß ich langsamer als früher reagierte. Das beunruhigte mich wie alle anderen Veränderungen. Immer wenn es mühsam wurde, sehnte ich mich nach dem Krankenhaus zurück. Zuweilen schien es fast, als ob ich gar nicht gesund werden wollte, um all dem Schwierigen, das mich erwartete, zu entgehen.
Dann empfand ich, daß ich auf dem Weg nach unten war, wußte aber gleichzeitig, daß ich mich wieder hocharbeiten mußte. Ein ähnliches Gefühl entsteht, wenn man nach dem Klingeln des Weckers im Bett bleibt und nicht aufstehen mag, auch wenn man noch so schlecht liegt.

49

14 maj

Jag är så fruktansvärt nära till gråt. Jag berättade igår för Solweig om min motvilja till att läsa igenom det jag skrivit. S sade att att det en vägran att se var du verkligen är. Jag har inte accepterat att jag skrivit fel. Hon berättade om någon som hade problem med sin personal men han vägrade att acceptera detta och därför alltid berättade om hur mycket han gjort för sin personal - istället för att göra något radiklat.

Jag blev upprosisk då. Tyckte inte att jag fått någonting av detta försvar mot mig själv. Såg ingenting som försvarade mig själv. Kunde jag inte få inbilla mig själv någonting. Eller är inte det ingenting som jag kan försvara med .SKULD. Mot mina föräldrar. Mot barnen. Mot att jag fannas till. Vad skyller jag det på?

Solweig kan ordna så att jag fär komma till en psykiater, doc Göran Lindkvist, tror jag. Men varken jag eller hon trodde att det behövdes. Jag är ju skeptisk och S tror att jag kom över det själv.

Jag gick i affärer efteråt. Först förstracktes det känsla som jag haft att jag står bredvid. Jag noterade att jag inte längre är densamma som förut. Jag lyssnade på min röst. Såg hur tankspridd jag var. Noterade -å exepediten undrade. Men brydde mig inte pm det. Jag är inte bland dom. Inte mot dom heller. Det är som om dom inte fanns. Detta är en mycket konstlig känsla.

Det är som om jag förbygger bygger upp min förlorade självkänsla genom detta. Genom att inte behöva det.

jag hade bestämt mig för att köpa en del kläder den här veckan. Jag gör det, inne i min själv. Jag är inte med, söker bara automatiskt ut det jag vill ha. Detta är kläder är ju bara ett bevis för att jag lever.

»14. Mai
Ich bin dem Weinen so furchtbar nahe. Ich erzählte gestern Solweig von meinem Widerwillen, das durchzulesen, was ich geschrieben habe. S. sagte, das ist eine Weigerung zu sehen, wo du wirklich bist. Ich habe nicht akzeptiert, daß ich falsch schreibe. Sie erzählte von jemand, der Probleme mit seinem Personal hatte. Er weigerte sich aber, das zuzugeben, und erzählte deshalb immer, wieviel er für sein Personal getan habe – statt irgend etwas Durchgreifendes zu unternehmen.
Das rebellierte ich. Fand nicht, daß ich damit irgendeine Rechtfertigung für mich bekommen hätte. Sah nichts, was mich selbst rechtfertigte. Sollte ich mir nicht selbst etwas einbilden dürfen? Oder gibt es nichts, womit ich mich rechtfertigen kann? Schuld. Gegenüber meinen Eltern. Gegenüber den Kindern. Daß es mich noch gab. Worauf kann ich diese Schuld schieben?
Solweig kann regeln, daß ich zu einem Psychiater komme. Dr. Göran Lindkvist, glaube ich. Aber weder sie noch ich glaubten, daß es nötig sei. Ich bin ja skeptisch, und S. meint, daß ich es allein schaffe.
Danach ging ich in Läden. Zuerst erschreckte das Gefühl, das ich hatte, abseits zu stehen. Ich bemerkte, daß ich nicht mehr dieselbe wie früher bin. Ich lauschte meiner Stimme. Sah, wie zerstreut ich war. Bemerkte, daß die Verkäuferin sich wunderte. Aber kümmerte mich nicht darum. Ich gehöre nicht zu ihnen. Bin auch nicht gegen sie. Es ist, als ob es sie gar nicht gäbe. Das ist ein sehr merkwürdiges Gefühl.
Es ist, als ob ich versuchte, mein verlorenes Selbstgefühl wieder aufzubauen. Dadurch, daß ich es nicht brauche.
Ich hatte mich entschlossen, in dieser Woche mehrere Kleider zu

kaufen. Ich tue es, ohne innerlich beteiligt zu sein. Suche nur automatisch aus, was ich haben will. Diese Kleider sind ja nur ein Beweis dafür, daß ich lebe.«*

Wenn man schwach ist, und das ist man nach einer so schweren Operation, kommt man sicher auch dann auf solche Gedanken, wenn man keine Aphasie hat.

Ich empfand Schuld. Ich war eine schlechte Mutter gewesen, eine schlechte Tochter, eine schlechte Ehefrau, eine schlechte Freundin. Mir fiel nur das ein, was ich unterlassen und womit ich anderen geschadet hatte. Einzig und allein meine Arbeit hatte ich immer gut gemacht. Aber was war das wert? Werbekampagnen zu machen und Menschen zu manipulieren!

Bewußt gab ich nicht zu, daß ich mein Leben als ein abgeschlossenes Kapitel sah, ohne eine Möglichkeit, meine Fehler wiedergutzumachen. Vielleicht tat ich es im Unterbewußtsein. Vielleicht gab mir das ein solches Schuldgefühl?

Ich regte mich auf, wenn ich daran erinnert wurde, wie leicht andere für alles eine Rechtfertigung fanden. Das meinte ich jedenfalls.

Vor allem war es beliebt, die Schuld auf die Eltern zu schieben. Aber wenn ich nach einer Rechtfertigung für mich suchte, kam ich immer zu dem Schluß, daß niemand mich zu etwas gezwungen hatte. Ich hatte mir mein Leben selbst gewählt. Keiner hatte mich daran gehindert, bei den Kindern zu bleiben, als sie klein waren. Und meine Eltern hatten damals nicht die gleiche Möglichkeit gehabt wie ich jetzt, den Kindern eine sorglose Kindheit zu geben.

Ich fand auch, daß ich zu ichbezogen gewesen war. Ich hatte mich meinen Arbeitskollegen gegenüber nicht solidarisch genug verhalten. Ich hatte nicht genug getan, um meine Ehe zu retten – und so weiter bis in alle Unendlichkeit. Ich war der schlechteste Mensch auf dieser Erde, glaubte ich beinahe. Alle anderen hatten eine Erklärung, die sich gut anhörte. Meine einzige Erklärung war purer, blanker Egoismus.

* Die Aufzeichnungen sind immer noch unkonzentriert, mit Flüchtigkeits- und grammatikalischen Fehlern, falschen Zeiten, mit Auslassungen und Verdoppelungen. Die Übersetzung paßt sich sinngemäß dem noch etwas holprigen Stil an.

50

Gut einen Monat nach der Operation besuchte ich eine Galerie, in der Grafik ausgestellt wurde. Eins der Blätter, die mir am besten gefielen, hieß »The house of tears«. Als ich nach Hause kam, wollte ich davon erzählen. Da merkte ich, daß ich ebenso schlecht Englisch sprach, wie ich vor einem Monat Schwedisch gesprochen hatte.
Ich konnte nicht lispeln und »the« sagen. Aber auch »house« schaffte ich nicht. Und die Wörter kamen in falscher Reihenfolge.
Zwar hatte ich bisher manchmal schwedische Wörter durch englische ersetzt. Zum Beispiel, als ich »dog« sagte, weil ich nicht auf »Hund« kommen konnte. Aber es waren immer nur einzelne, leichte Wörter gewesen.
So einfache Dinge wie das Lispeln kamen durch Übung wieder. Ich verstand Englisch auch ebensogut wie früher, aber ich konnte es nicht sprechen.
Ich glaube, damals geriet ich in Panik. Es war wichtig, daß ich Englisch sprechen konnte, wenn ich wieder arbeitete. »Svenska Telegrambyrån« war trotz des schwedischen Namens ein amerikanisches Unternehmen, und Englisch war die Konzernsprache.
Sollte der ganze Sommer vergehen, ohne daß ich Gelegenheit zum Üben hatte?
Bevor ich krank wurde, hatte ich an einem Englischkursus teilgenommen. Er entsprach dem letzten Jahrespensum am Gymnasium. Nun rief ich die Kursleiterin an. Ich erzählte ihr, was passiert war, und fragte, ob es ihrer Meinung nach einen Kursus gäbe, an dem ich teilnehmen könnte. Sie schlug einen vor, der dem Pensum im zweiten Unterrichtsjahr entsprach.
Am 14. Mai war die nächste Stunde. Ich ging hin.

Ich war in einer schwierigen Phase. Empfand nicht mehr die Zugehörigkeit zu anderen Menschen wie damals, als ich aus dem Krankenhaus kam. Im Gegenteil. Ich erlebte mich selbst und die anderen isoliert in einer öden Welt. Ich war nicht »draußen«, weil es kein »drinnen« gab. Ich fand, daß andere Menschen ebenso leer, gleichgültig und kontaktlos waren wie ich selbst.
Als ich in den Kursusraum kam, saßen alle still da und lasen in ihren Lehrbüchern. Ich setzte mich in eine leere Bank und fühlte mich sehr einsam.

Die Lehrerin war eine junge Frau. Sie wollte wohl erreichen, daß ich mich so schnell wie möglich eingewöhnte. Denn sie wandte sich mir gleich zu und bat mich, ein Stück aus dem Buch vorzulesen.
Es war entsetzlich. Ich konnte nicht einmal den ersten Satz lesen. Ich stammelte und stotterte.
Niemand sagte etwas, und die Lehrerin griff nicht ein. Was sollte sie auch tun? Es waren wohl nur alle erstaunt darüber, daß ich überhaupt daran gedacht hatte, in ihrer Gruppe mitzukommen.
Hätte ich nur aufstehen und sagen können, daß alles ein Irrtum sei. Daß ich Aphasie gehabt hätte. Daß ich vor einem Monat noch alles gewußt, aber inzwischen vergessen hätte!
Doch ich konnte es nicht. Ich klappte das Buch zu und ging, ohne ein Wort zu sagen.
Draußen kam gerade die Straßenbahn Nr. 5. Ich stieg in den letzten Wagen. Er war fast vollbesetzt. Ich sah die Menschen an. Es war, fand ich, wie in einem Stück von Brecht. Als ob sie alle Masken trügen. Ich konnte nicht erkennen, was sich hinter den Masken verbarg, und die Augen glichen leeren Höhlen.
Ich stieg an der nächsten Haltestelle aus und ging den Rest des Weges zu Fuß. Zu Hause lag Kjell auf der Couch und las. Auch er trug eine Maske.

51

Manchmal klappte es beinahe normal. Manchmal konnte ich kurze Absätze fast fehlerlos schreiben.
Es ging leichter, wenn ich ausgeruht war. Es ging auch leichter, wenn ich nicht nachdachte.
Jetzt konnte ich das Alphabet herunterleiern, wenn ich nur nicht unterbrochen wurde oder überlegte, ob es auch stimmte.
Mir fiel immer mehr von dem ein, was ich früher gelernt hatte.
Aber es geschah alles ohne innere Anteilnahme. Ich gab rein mechanische Antworten. Begann gleichgültig zu werden. Funktionierte mehr und mehr wie ein Roboter.

52

Ich beschloß, mir etwas zum Anziehen zu kaufen. Als Beweis dafür, daß es mich noch gab.
Ich ging ins Kaufhaus NK. Als erstes wollte ich einen Regenmantel haben. Es gab Regenmäntel von 16,50 bis 375 Kronen.
Als ich der Verkäuferin sagen wollte, daß ich einen Regenmantel suchte, verhedderte ich mich.
Ich konnte nicht »Regenmantel« sagen und mußte zeigen, was ich wünschte. Sie fragte nach Größe und Preislage, aber ich konnte nicht antworten. Ich fühlte mich erbärmlich.
Viele behaupten, daß man bei NK besser bedient wird, wenn man nicht Jeans, sondern einen Nerzmantel anhat. Der Meinung bin ich eigentlich nicht. Ich kaufe nie teure Kleider und gehe meistens in Jeans. Aber ich habe nie empfunden, daß ich deshalb schlechter bedient würde. Das kommt wohl daher, daß ich mich früher nicht unterlegen fühlte. Hätte jemand herablassend auf meine Jeans geguckt, hätte ich es nicht gemerkt, weil es mir nichts ausmachte. Meinetwegen konnten andere sich mir überlegen fühlen. Ich fühlte mich nicht unterlegen.
Jetzt fühlte ich mich unterlegen. Die Verkäuferin zog mir einen hellroten Lackregenmantel an. Er war eine Nummer zu klein und kostete über 300 Kronen. Die Farbe war hübsch. Aber der Mantel sperrte, als ich ihn zuknöpfte. Und außerdem war er zu kurz.
»Okay, ich nehme ihn«, sagte ich.

53

Die Sprache kann Wege zwischen Menschen bahnen. Durch die Sprache können wir Gedanken, Gefühle und Erfahrungen austauschen. Aber die Sprache kann auch eine unüberwindliche Schranke bilden.
Die Sprache sagt viel mehr über einen Menschen aus als zum Beispiel die Kleidung. Sobald man den Mund auftut, zeigt es sich meistens, ob man in einer Beziehung Objekt oder Subjekt sein wird. Ob man der Stärkere oder der Schwächere ist. Oder ob man auf seinesgleichen trifft.
Es ist nicht immer der Stärkere, der entscheidet, wie die Rollen

verteilt werden. Während meiner Zeit als die zweifellos Schwächere in den meisten Kontakten mit anderen Menschen sah ich den Ablauf wie in einem Film.
Ich sah, wie klein ich wurde, wenn ich zu sprechen anfing. Und wie der Partner wuchs. Unmittelbar nach dem ersten Wortwechsel schlüpften wir in unsere Rollen hinein.
Das galt nicht für Menschen, die ich von früher her kannte, sondern für Verkäuferinnen und für andere oberflächliche Kontakte. Alle waren nett, und alle warteten geduldig oder versuchten, mir zu helfen, wenn ich steckenblieb. Aber diese Nettigkeit war gut und schlecht zugleich. Zwar wäre ich mit Unfreundlichkeit nicht fertiggeworden. Doch dieses beschützende und hilfreiche Verhalten machte mich in allen neuen Beziehungen von vornherein zur Schwächeren.

54

Um aus der Apathie und Kontaktlosigkeit herauszukommen, entschloß ich mich, die Tapeten zu wechseln und andere Menschen zu treffen. Vor allem wollte ich Gabriella sehen, meine Tochter, die in Stockholm wohnte.
Kjell und ich verstanden uns damals nicht besonders gut. Während der Fahrt versuchte ich vier Stunden lang, ihm zu schreiben. Es gab so vieles zu erklären. Ich hatte einen Block mitgenommen und schrieb Kladde auf Kladde.
Tief in mir drinnen saß natürlich die Angst, Kjell zu verlieren. Kjell hat Zeiten des Schweigens. Er zieht sich dann ganz in sich zurück. Wenn man seiner selbst nicht sicher, sondern voller Selbstverachtung ist, und wenn man gleichzeitig liebt, dann sind solche Zeiten die Hölle.
Ich schrieb und schrieb, um den guten Kontakt zwischen uns zurückzugewinnen. Aber schließlich wurde es nur eine Ansichtskarte mit ein paar unverständlichen Sätzen. Ein Gedankenbrei aus einigen zwanzig Wörtern, die nicht im geringsten verrieten, welche Anstrengung dahintersteckte.
Mit Gabriella konnte ich über ihr Studium und über die schöne Freundschaft mit ihrem Anders sprechen. Es war gut für mich, an etwas anderes zu denken, statt immer nur meine eigenen Probleme zu wälzen.
Ich traf auch Ian. Wir sind seit 30 Jahren befreundet, und sie steht mir näher als eine Schwester. Wir kennen einander so gut,

daß wir uns ohne viele Worte verstehen. Eine solche Freundschaft war gerade jetzt von unschätzbarem Wert.
Wir gingen nach Djurgården. Dort setzten wir uns auf einen Hügel, und da heulte ich meine ganze Verzweiflung hinaus, während sie mir behutsam über die Schultern strich.
Ich fühlte, daß es Menschen gab, die mich liebten und die ich niemals verlieren würde.

55

27 maj

B ringde i dag. Han sa att jag talade mycket bättre nu än förra gången han ringde. Förra gången sa ~~xtt~~ han att han tyckte att ja pratade ~~krx~~ lika bra som förr.

»27. Mai
Heute rief S. an. Er sagte, daß ich jetzt viel besser spräche als bei seinem vorigen Anruf. Das vorige Mal sagte er, er fände, daß ich ebensogut spräche wie früher.«*

Sobald jemand sagte, daß meine Sprechfehler unbedeutend seien, wurde ich mißtrauisch. Die anderen waren wohl doch nicht so sicher wie ich, daß ich wieder gesund werden würde. Sie wollten mir nur helfen, mich so zu akzeptieren, wie ich war.
Das war eine Freundlichkeit und Fürsorge, die ich nicht mochte. Mir schien, daß sie mich zu täuschen versuchten und glaubten, ich hörte nicht heraus, was sie eigentlich dachten.
Da waren Kjells trockene Kommentare besser:
»Du bist vielleicht überhaupt ein bißchen wunderlich ...« oder:
»Schieb nicht immer alles auf deine Aphasie. So besonders war deine Aussprache vorher wohl auch nicht.«
So redet man mit seinesgleichen.

* Bis auf die Streichungen ist der Text korrekt.

56

31 maj

Jag läste en text i boken Ordkunskap. Plötsligt märkte jag att jag läste lika snabbt som förr! Det var som om en propp lossnat på vägen ut. Då förstod jag att jag kommer att bli frisk.

»31. Mai
Ich las einen Text in dem Wortlehrebuch. Plötzlich merkte ich, daß ich ebenso schnell wie früher las! Es war, als hätte sich ein Pfropfen auf dem Weg nach draußen gelöst. Da begriff ich, daß ich dabei bin, gesund zu werden.«*

Am 31. Mai entdeckte ich, daß ich ohne Schwierigkeiten einen kleingedruckten Text lesen konnte. In jenem Buch gab es eine Anleitung, die ich eigentlich nicht zu lesen brauchte. Solweig hatte mir ja erklärt, was ich tun sollte. Da stand:
»Die Substantive im Kasten gehören zu den darunterstehenden Sätzen. Schreib das passende Substantiv in den Text!«
Ich las das ebenso leicht wie früher! Ich verstand es ganz einfach, ohne darüber nachzudenken, wie die Sätze gebaut waren. Ein ähnliches Gefühl muß es sein, wenn man gelähmt war und plötzlich merkt, daß man wieder gehen kann.
Zwar war es nicht so, daß ich von nun an immer ebensogut lesen konnte wie früher. Aber ich wußte, daß es möglich war, daß ich es wieder lernen würde und daß das Training Erfolg gehabt hatte.
Ich schrieb ins Buch: »Anders (statt ›sonst‹) ging es so leicht zu lesen.«
Die Zellen im Schreibzentrum hatten offenbar immer noch Mühe, die richtigen Wörter zu finden.

57

Es machte mir, wie gesagt, keine Mühe mehr, Wörter zu lesen, und meistens las ich ebenso schnell wie früher. Aber ich erfaßte nicht immer den Sinn der Wörter. Und wenn ich jedes

* Der Text ist in Ordnung.

Wort für sich begriff, konnte ich den ganzen Satz oft nicht verstehen.
Wörter, die keine unmittelbare Gedankenverbindung auslösten, »sah« ich nicht, und ich überlas oft Wörter wie »nicht«, »war«, »werde«, »und« und »es«. Dadurch bekam ein Abschnitt manchmal einen ganz anderen Sinn.
Es passierte auch, daß ich Wörter hinzufügte. Stand da: »Er war dankbar, daß er lesen konnte«, las ich vielleicht: »Er war dankbar, daß er nicht lesen konnte.« Manchmal las ich einen langen Artikel, entdeckte aber plötzlich, daß der Verfasser anfing, sich selbst zu widersprechen. Dann mußte ich zurückgehen, alles noch einmal lesen und feststellen, daß ich es mißverstanden hatte.
Es waren nicht die »schweren« Wörter, die das Lesen mühselig machten. Es konnte im Gegenteil leichter sein, einen Leitartikel zu lesen als eine Plauderei. Der Leitartikel enthielt mehr eindeutige Wörter als der mit leichter Hand geschriebene Text. Als ich den Satz las: »Fortschritte stellten sich ein, aber groß waren sie nicht«, konnte ich den Inhalt nicht erfassen. Aber einen Satz wie »Nun geht es um den Konflikt zwischen Altruismus und Egoismus« verstand ich.
Im ersten Satz kommt das zusammengesetzte Wort »Fortschritte« vor. Für mich war das nicht ein Wort, sondern es waren zwei, »fort« und »Schritte«. Diese Wörter ergaben, jedes für sich, in dem Satz keinen Sinn, und deshalb verstand ich das zusammengesetzte Wort auch nicht. »Stellten sich ein« bedurfte einer grammatikalischen Erläuterung. Und da ich nicht klug daraus wurde, wie der Satz aufgebaut war, begriff ich nichts.
Der andere Satz bestand aus klaren, eindeutigen Wörtern, und ich hatte ihren Sinn nicht vergessen. Der Satz war einfach aufgebaut und ließ sich wie ein Telegramm lesen.
Ich hatte damals auch noch kein Gefühl für die Sprache, sondern konnte ein Telegramm mit dem gleichen Gewinn lesen wie ein Shakespeare-Zitat. Die Freude an einer gelungenen Formulierung erlebte ich noch nicht wieder.

58

Am Mittsommertag, zweieinhalb Monate nach der Operation, las ich Sartres »Republik des Schweigens« (Paris unter der Besatzung). Das ist wahrhaftig kein leicht lesbares Buch. Trotz-

dem las ich es an einem Tag durch, und nicht ein einziges Mal dachte ich an mein Handicap.
Das hängt, glaube ich, wohl damit zusammen, daß man bei einem solchen Buch auch mal die eine oder andere Zeile überspringen kann, ohne den Faden zu verlieren. Es enthält so viele Gedanken, und jeder einzelne ist es wert, weitergesponnen zu werden.

59

Das Haus mußte gestrichen werden. Ich mag Blau gern und hatte mir schon lange ein blaues Haus mit weißen Ecken gewünscht.
»Wir streichen das Haus blau«, sagte Kjell.
Nun lag dieses Haus in einer Reihenhauszeile. In einer grauen Zeile. Die weißen Hausecken, Balken und Rahmen sahen allmählich genauso grau aus wie die Häuser selbst.
Ich schaute mir das Haus von außen an und versuchte, es mir in Blau vorzustellen. Es würde, mitten in all dem Grau, wie ein Ausrufungszeichen aussehen.
Ich hatte nichts dagegen, daß unser Haus von den anderen abstechen würde. Gern wollte ich das Gefühl haben, »in dem blauen Haus« zu wohnen. Aber gleichzeitig fragte ich mich, wie wohl die Umgebung reagieren würde. Vielleicht sollte man mit den Nachbarn reden?
»Du bist wankelmütig«, sagte Kjell. »Entweder man entschließt sich, das Haus in der Farbe zu streichen, die man haben will, und dann tut man das auch. Oder man läßt andere entscheiden, und dann wird es vermutlich grau. Willst du nicht die Nachbarn fragen, ob es ihnen recht ist, daß du Gänseblümchen in deine Beete pflanzt?«
Wir brauchten eine Genehmigung. Wir schickten eine Farbprobe an die Baubehörde. Und bekamen grünes Licht.
Neben uns wohnte ein pensionierter Architekt. Ich ahnte, daß er nicht damit einverstanden sein würde, daß wir unser Haus blau strichen. Er war ein typischer Graumensch. Wäre es nicht so unangenehm für mich gewesen, mit Menschen zu reden, die ich nicht kannte, wäre ich zu ihm gegangen und hätte ihn auf unser Vorhaben vorbereitet. Der Nachbarschaftlichkeit wegen. Es ist leichter, Menschen für etwas zu gewinnen, wenn sie merken, daß man auf ihren Geschmack Rücksicht nimmt. Sonst wird es leicht zur Prestigefrage.

Aber das war gar nicht nötig. Vor unserem Haus stand eine Farbprobe. Ein Architekt weiß aus Erfahrung, was das bedeutet. Eines Nachmittags klingelte er bei uns.
»Wollen Sie das Haus streichen?« fragte er.
Ich nickte.
»Ich hoffe wirklich, daß Sie auf das übrige Straßenbild Rücksicht nehmen«, sagte der Architekt und sah mißtrauisch auf das blaue Stück Holz, das an der Hauswand lehnte. »Ich habe einmal dieses Haus entworfen und bin darauf bedacht, daß es nicht verhunzt wird.«
»Das ist die Farbe«, sagte ich und zeigte auf das Stück Holz.
Ich sah, wie ihm die Röte ins Gesicht stieg.
»Das werde ich nicht zulassen«, sagte er.
Der Kampf war eröffnet. Nun ging es ums Prestige.
»Ich habe hart darum gekämpft, die feine Farbgebung für unsere Straße beizubehalten«, sagte er und wies über die grauen Häuserzeilen hinweg. »Es soll bitte nicht so werden wie mit St. Sigfridsgatan und Änggården, wo ungebildete Menschen jede beliebige Farbe nehmen durften.«
Nun war es gesagt. Ich hatte einen schlechten Geschmack und war ungebildet.
»Leider erfuhr ich auch nicht rechtzeitig, daß man bei den Häusern dort Blech verwenden wollte«, sagte der Architekt. »Aber ich habe protestiert, und sie werden es rückgängig machen.«
Das war nun eine Drohung. Er war es, der bestimmte, wie es in unserer Straße auszusehen hatte. Und wie unser Haus gestrichen werden sollte. Er war Architekt. Er wußte, wie die Welt aussehen mußte, um schön zu sein.
Ich fühlte mich so müde. Früher war ich geschickt im Verhandeln. Geschickt darin, Menschen von dem zu überzeugen, was ich wollte. Man redete miteinander und ließ die Prestigefrage gar nicht erst aufkommen.
Jetzt konnte ich es nicht. Mir fiel kein Argument ein. Durch meine holprige Art zu sprechen hörte sich alles unsicher und ängstlich an. Es war besser, wenn ich schwieg.
»Kjell wird seine Meinung nicht ändern«, sagte ich nur.
Wie ich mich meiner Feigheit schämte! Nun schob ich Kjell vor und stand nicht für das ein, was ich selbst wollte. Noch elender fühlte ich mich, als ich den bedauernden Blick des Architekten spürte. Arme Frau, sagte der. Mit so einem Mann!
Als Kjell nach Hause kam, schlug ich vor, nun vielleicht doch mit den Nachbarn zu reden.

»Tu das«, sagte er.
Ich riß mich zusammen, ging an eine der Haustüren und klingelte. Bevor ich Aphasie bekam, wäre das ein Leichtes für mich gewesen. Jetzt war ich so nervös, daß ich kaum Luft bekam, während ich darauf wartete, daß jemand mir öffnete. Die Hausbewohner waren erst kürzlich eingezogen, und ich kannte sie nicht. Auch wir waren neu zugezogen und kannten noch nicht viele Leute in der Straße.
»Gut«, sagte die junge Frau, die mir öffnete. »Wir wollen auch neu streichen. Wir denken an Weiß mit blauen Ecken, das paßt dann ja fein.«
Die nächste Nachbarin war eine ältere, sehr sympathische Künstlerin. Es würde sicher hübsch werden, meinte sie.
Ich fragte nur Nachbarn, von denen ich annahm, daß sie mir zustimmten.

So begannen wir zu streichen. Wir nahmen die Rückseite zuerst. Der Nachbar hinter uns kam heraus und sagte, es sehe hübsch aus.
Bald traf ein Brief von der Bezirksverwaltung ein. Mit der Kopie eines Briefes vom Architekten.
Kjell antwortete. Die Entscheidung fiel zu unseren Gunsten aus. Die Behörde hatte besichtigt, und das Gutachten war nahezu enthusiastisch. »Die weißen Holzrahmen heben sich viel besser ab als bisher, und das Haus unterscheidet sich auf eine sehr angenehme Weise von den angrenzenden grauen Häusern.«
Der Architekt ging vors Kammergericht. Das Kammergericht kündigte an, daß man mit einer Delegation zur Besichtigung herauskommen wollte.
Das Kammergericht kam. Männer mit ernsten Gesichtern gingen die Straße auf und ab und sannen über ihren Eindruck nach.
Der Lokalsender war da. Das Ergebnis war eine Sendung, die mit »Warum müssen Menschen sich streiten?« begann.
Der Architekt und Kjell wurden interviewt. Auch mir hielt man, zum erstenmal in meinem Leben, ein Rundfunkmikrophon unter die Nase, aber ich bekam keinen Ton heraus.
»Haben Sie mit den Nachbarn gesprochen?« fragte der Mann vom Lokalsender.
Ich hätte kurz und gut »ja« sagen können, aber das wäre wohl ein zu kurzer Beitrag gewesen, dachte ich. Während ich über-

legte, wie ich mich ausdrücken sollte, ging das Mikrophon an Kjell weiter.
»Nein«, sagte er. »Wir wußten ja, daß sie es nicht billigen würden.«
Was sagt er da? dachte ich. Wir hatten doch mit mehreren Nachbarn gesprochen.
Aber man reißt nicht das Rundfunkmikrophon an sich und berichtigt, wenn man Aphasie hat.
Kjell hatte die Frage nicht richtig verstanden. Sie war an mich gerichtet, und die Ungewißheit, wie ich antworten würde, machte ihn vielleicht nervös. Er hatte bei seiner Antwort wohl an den Architekten gedacht.
Das Kammergericht ging wieder fort und überlegte. Teilte dann mit, daß es der Baubehörde und der Bezirksverwaltung beistimme.
Der Architekt tat vermutlich das, womit er beim Rundfunkinterview gedroht hatte. Er ging weiter vors Oberverwaltungsgericht. Aber dieses Gericht hatte offenbar gerade etwas anderes zu tun, denn wir hörten nichts mehr von der Sache.
Es ist ein sehr hübsches Haus.

60

Im Juli schrieb ich längere Texte, ohne Fehler zu machen. Wenn ich ausgeruht war, ging mir das Schreiben fast wie früher von der Hand. Aber es war schwer, auf andere Ausdrücke zu kommen, wenn ich die Sprache variieren wollte. Mir fiel immer nur ein einziges Wort ein.
Es gibt Synonymbücher, in denen man ein Wort nachschlägt und alle anderen Wörter findet, durch die es ersetzt werden kann. Aber es wäre falsch gewesen, solche Bücher zu benutzen. Es galt zu trainieren.
Gute Übungsmittel waren Kreuzworträtsel. Es macht Spaß, sie zu lösen, und man muß pausenlos nach Wörtern suchen.
Ich wurde eine emsige Rätsellöserin. Bald konnte ich von Rätseln für Kinder zu Rätseln für Erwachsene übergehen und mir schließlich die schwersten in »Dagens Nyheter« und »Svenska Dagbladet« vornehmen. Daß ich überhaupt auf diesen Gedanken kam, war schon ein Fortschritt.

Nun las ich auch Bücher. Leichter als Romane lasen sich Bücher, in denen es um Politik, Ideologien und Philosophie ging.

Romane beginnen oft mit breiten Schilderungen des Milieus oder von Menschen, die man kennenlernen muß, um vom Folgenden etwas zu haben. Dafür hatte ich jetzt keine Geduld.
Um überhaupt lesen zu können, mußte ich mich hundertprozentig konzentrieren. Dazu mußte es um mich herum absolut ruhig sein. Wenn gleichzeitig der Fernseher lief oder sich in meiner Nähe jemand unterhielt, konnte ich nicht lesen.
Oft übersprang ich Abschnitte, las mal hier, mal da. Außerdem hatte ich Mühe, mich an die Zeilen zu halten. Besonders dann, wenn der Abstand zu gering war. Ich fand, daß fast alle Bücher zu eng gedruckt waren.

61

In der Aphasie-Sprechstunde half mir Solweig, meine Krankheit zu verstehen. Je mehr sie erzählte, um so interessanter wurde alles für mich. Ich begriff auch immer mehr, wie dankbar ich sein mußte, daß ich so glimpflich davongekommen war.
Solweig bestärkte mich in meinem Plan, aufzuschreiben, wie es ist, wenn man Aphasie hat. Die Gespräche mit ihr wurden oft zu Interviews. Für mich war das ein gutes Training. Bei meiner Arbeit gilt es, soviel wie möglich zu erfragen und zu erfahren. Nun fragte ich nach allem über Aphasie.
Ich hatte geglaubt, daß meine Krankheit ungewöhnlich sei. Jetzt weiß ich, daß in jedem Jahr mehr als 5000 Schweden davon betroffen werden. Die häufigsten Ursachen sind ein Schlaganfall oder eine Gehirnblutung.
Aphasie kann in vielen verschiedenen Formen auftreten. Die einen Patienten verstehen nicht, was sie hören, sprechen aber ohne Schwierigkeiten. Wenn andere Menschen reden, hört es sich für sie wie eine fremde Sprache an, obgleich sie selbst die gleichen Wörter gebrauchen.
Andere sprechen fließend, können aber nicht kontrollieren, was sie selbst sagen. Man kann sie zum Beispiel fragen: »Wo wohnst du?« und zur Antwort bekommen: »Ja, das finde ich wirklich.« Sie meinen, eine Adresse zu sagen, aber aus ihrem Mund kommt ein ganz anderer Satz. Da sie nicht erfassen, was sie selbst sagen, hören sie auch nicht, daß es falsch ist.
Menschen, die ihre eigene Sprache nicht verstehen, benutzen oft Wörter, die Beziehung zu ihrem Beruf haben. Oder zu etwas anderem, das ihre Sprache beeinflußt hat. Eine Haushaltsleh-

rerin gebraucht vielleicht Wörter wie »Kochtopf« oder die Namen von Gerichten. Ein Tischler kann von »Holz«, »Zollstock« oder »Wasserwaage« sprechen, ohne daß er es weiß. Wörter und Sätze, die im »Wortlager« des Gehirns reichlich vorhanden sind, nehmen in ihren Äußerungen überhand.

Diese Menschen bilden oft auch eigene Wörter. Fremde Wörter, die keinen Sinn ergeben. Da sie selbst nicht erfassen, was sie sagen, sondern meinen, etwas ganz anderes zu sagen, berichtigen sie sich nicht. Sie sprechen weiter und glauben, daß sie sich klar und vernünftig ausgedrückt haben.

Man kann verstehen, wie einem solchen Menschen zumute sein muß, wenn er merkt, wie die Umgebung reagiert, aber nicht weiß, warum das so ist. Da er aber üben muß, sollte man ihn darauf aufmerksam machen, wie er spricht, statt ihn einfach als dumm oder verrückt abzutun.

Andere, die von Aphasie betroffen sind, können kein Diktat schreiben, aber sie können korrekt wiedererzählen, was man ihnen vorgelesen hat.

Einige haben auch ganz alltägliche Dinge verlernt. Sie wissen nicht, wie man den Schlüssel ins Schloß steckt. Wie man mit dem Streichholz Feuer bekommt. Wie man mit einem Stuhl umgeht.

Es gibt Menschen, die ganz klar im Kopf sind, aber nicht zwischen einem Messer und einer Gabel unterscheiden können. Sie suchen zum Beispiel eine Schere, müssen sie aber in die Hand nehmen und gebrauchen, um sicher zu sein, daß es eine Schere ist. Es kann sehr lange dauern, bis ein solcher Mensch aus einer Küchenschublade einen Kartoffelschäler hervorgeholt hat. Die einzige Möglichkeit ist, alle Gegenstände, die sich in der Schublade befinden, auszuprobieren. Diese Menschen haben die erlernten Assoziationen verloren, die für uns andere selbstverständlich sind. Ein Kugelschreiber, der früher ein wohlbekannter Gebrauchsgegenstand war, ist zu einem fremden, rätselvollen Etwas geworden.

Ich glaube, ich weiß, wie einem dann zumute ist, denn ich habe anfangs selbst von alldem etwas erlebt.

Wenn man nichts versteht, sich nicht ausdrücken kann. Wenn einem die Welt mit all den gewohnten Dingen, die für uns Gesunde die Welt bedeuten, nicht mehr vertraut ist, was bleibt dann übrig?

Wenn alles, was früher wohlbekannt war, fremd geworden und die Verständigung mit der Umwelt ganz und gar abgebrochen

ist, dann muß sich die Seele zwischen undurchdringlichen Kerkerwänden eingesperrt fühlen.
Es muß die einsamste Seele von der Welt sein.

62

Ulrika hatte eine Art, das Dasein zu betrachten, die fast alles leichter machte. Sie hatte Humor, und es war ein Humor, der niemand lächerlich machte. Hatte ich etwas Dummes getan, konnte sie es schnell so verdrehen, daß man lachen mußte. Statt es lieber zu vergessen, behielt man es gern in Erinnerung. Sie brachte Menschen dazu, sich selbst und andere mit mehr Toleranz zu betrachten.
Meine Kinder liebten sie, und es war immer ein Fest, wenn sie in ihrer roten Isabella vorfuhr. Sie bezog die Kinder in ihre fröhliche Welt mit ein. Sie beobachtete sie interessiert und ließ dann eine Bemerkung fallen, die uns alle zum Lachen brachte. Aber nicht so, daß der, über den wir lachten, sich ausgelacht fühlte. Nur beachtet.
Wir haben eine Menge fröhlicher Erinnerungen an das Zusammensein mit Ulrika. Vom Pfefferkuchenbacken vor Weihnachten bis zu sommerlichen Autofahrten. Sie machte immer ein wenig verrückte Sachen. Wie zum Beispiel, als wir nach Varberg fuhren.
Neben einigen jungen Leuten, die am Wegrand standen, hielt Ulrika plötzlich an, drehte die Scheibe herunter und fragte:
»Ist dies der Weg nach Uddevalla?«
Sie erschraken und sagten, nein, genau umgekehrt, dies sei die entgegengesetzte Richtung.
»O Hilfe«, rief Ulrika, »da habe ich die Karte falsch herum gehalten!«
So etwas finden Kinder lustig.
Aber wenn wir allein waren, konnte Ulrika ernst sein. Wir hatten viel über den Tod gesprochen.
Nachdem wir beide operiert worden waren, hatte ich sie am 10. Mai zum erstenmal wiedergesehen.
Ich hatte erfahren, daß es keine Hoffnung mehr gab. Ulrika mußte sterben. In der Zeit, die uns blieb, wollte ich sie so oft wie möglich sehen.
Selbst hatte ich keine Angst vor dem Tod. Ich besaß immer noch das gleiche Gefühl der Geborgenheit wie damals, als ich

im Krankenhaus auf die Operation wartete. Es hatte sich eher vertieft. Ich sah alles aus einer anderen Perspektive. Für mich gab es kein Ende, nur eine Veränderung.
Dieses Gefühl wollte ich Ulrika vermitteln, aber es gelang mir nicht.
Zwischen sie und mich hatte sich etwas gedrängt, das es unmöglich machte. Zwischen uns stand der Tod. Wir wußten es beide, aber wir redeten nicht darüber. Ulrika hatte ihn nicht akzeptiert.
Statt dessen redeten wir vom Leben. Von meinem Leben und davon, was Ulrika tun könnte, ihr Leben zu behalten. Wir sprachen nicht von dem, was geschehen müßte, wenn sie scheiterte.
Es war ein Spiel, und wir wußten beide, daß es ein Spiel war. Ich war bei ihr, um ihre Gedanken abzulenken.
Es gab noch soviel zu sagen. So viele Gedanken wollte ich an sie weitergeben. Aber ich konnte sie nicht ausdrücken.
Das ist das einzige, was mich plagt, wenn ich an jene Zeit zurückdenke. Die Krankheit hatte mir die Möglichkeit genommen, Ulrika zu trösten, als sie den Trost so sehr brauchte.

Im August holte ich sie ab, und wir fuhren zu ihrem Sommerhaus. Es war das Elternhaus ihrer Mutter gewesen. Sie hatte es von ihrem Onkel geerbt. Einmal soll Anne-Marie das Haus haben, hatte sie gesagt. Den anderen Nichten und Neffen ging es finanziell gut. Ulrika wollte, daß Anne-Marie das Sommerhaus haben sollte.
Daran dachte ich, als wir uns dem Haus näherten. Hatte sie das nun geregelt?
Aber ich wagte nicht, sie danach zu fragen.
Ich sollte Erdbeerpflanzen bekommen, um sie bei meiner Kate einzusetzen.
Wir stellten einen Stuhl ins Erdbeerfeld, und Ulrika setzte sich darauf, während ich die Ranken abnahm.
»Nun pflanzt du sie gleich ein, wenn du zur Kate kommst«, sagte sie. »Aber nicht zu tief. Sie dürfen nicht so tief in die Erde hinein. Im Frühjahr fangen sie dann an auszutreiben.«
Wir verstummten. Ich fühlte, daß unsere Gedanken sich kreuzten. Und ich wußte, Ulrika dachte das gleiche wie ich.
Im Frühjahr würde sie in der Erde liegen. In der Erde, in der Erde ... Tief unten in der Erde.
Als ich in meinen Alltag zurückkehrte, starb Ulrika.

63

Es war der 1. September 1976.
Ich nahm den Fahrstuhl zum siebenten Stock, ging durch die Tür, und alles war wie sonst.
Alle, denen ich begegnete, sagten: »Hallo! Herzlich willkommen! Wie gut du aussiehst!«
In einer Werbeagentur herrscht immer Eile. Alle haben ihre Kundenbesuche und ihre internen Besprechungen, oder sie sitzen konzentriert über einem Auftrag. Ich erinnere mich, daß ich lauter freundlichen, aber sehr beschäftigten Menschen begegnete. Sie behandelten mich, als wenn ich nur eine Zeitlang mit Grippe das Bett gehütet hätte.
Mein Zimmer sah genauso aus, wie ich es verlassen hatte. Der Terminkalender war am 25. März aufgeschlagen. »Sozialverwaltung 16 Uhr« stand da.
Ich schäme mich fast zu schreiben, wie gut alles ging. Sicher gibt es nicht viele Aphasie-Kranke, denen es so leicht gemacht wird, an ihren Arbeitsplatz zurückzukehren.
Kaum hatte ich mich an meinen Schreibtisch gesetzt, da rief die Götabank an und wollte mit mir über eine Broschüre sprechen.
Ich habe immer einen guten Kontakt zu meinen Auftraggebern gehabt. Wir sind Diskussionspartner, arbeiten gemeinsam an einer Sache. Die Götabank, das war kein großer, furchterregender Kunde, sondern das war Silva, die ich wie eine Freundin betrachtete. Es schadete deshalb nichts, daß ich sie bitten mußte, sich mit Aufträgen etwas zu gedulden, weil ich noch nicht gut mit Zahlen zurechtkam.
Gerhard vom Straßenbauamt erschien, um mich zu begrüßen und zu fragen, ob ich wieder etwas für die Personalzeitschrift tun wollte.
Als ich den Leuten nach und nach erzählte, was mit mir losgewesen war, waren sie sehr erstaunt. Sie hatten nicht gewußt, daß es mich so schlimm getroffen hatte. Dachten, ich sei nur überarbeitet gewesen.
Alle waren fürsorglich und ermahnten mich, mir nicht zuviel Arbeit aufzuladen. Gleichzeitig sagten sie allerdings, es wäre schön, wenn gerade dieser eine Auftrag bis zum nächsten Tag erledigt werden könnte ...
So geht es zu in einer Werbeagentur.

64

Begegnete ich jetzt dem Menschen, der ich mit Mitte 20 war, wäre ich nicht sicher, ob ich ihn leiden könnte. Die Zwanzigerin war so wenig selbstbewußt. Sie paßte sich an eine Rolle an, wagte nicht, für das einzustehen, was sie war oder sein wollte. Sie überließ es dem Zufall, wie ihr Leben verlief. Wenn ich ihr jetzt begegnete, würde ich zu ihr sagen:
»Setz dich hin und denk darüber nach, was du willst, und sieh zu, daß es so wird. Nimm alle Chancen wahr, statt nur in einer eingefahrenen Spur weiterzutrotten. Riskiere etwas. Sei nicht so feige!«
Begegnete ich jetzt dem Menschen, der ich war, als ich an meinen Arbeitsplatz zurückkehrte, würde ich ihn beneiden. Die Vierzigerin war viel mutiger, als ich es jetzt bin. Aber wahrscheinlich würde ich sagen:
»Sieh dich vor! Hetz dich nicht so ab! Mußt du so viele Risiken eingehen?«
Ich würde mir Sorgen um sie machen. Ihr ganzes Streben lief darauf hinaus, vor sich selbst zu beweisen, daß sie alles ebensogut schaffte wie vorher. Sie stellte größere Ansprüche an sich selbst als früher. Darauf hätte ich sie sicher aufmerksam gemacht.
Scheinbar habe ich die Mißerfolge, die ich erlitt, vergessen. Etwas muß mir geholfen haben, die Siege vor mir selbst zu übertreiben und aus ihnen alle Kraft zu holen, die Niederlagen aber herunterzuspielen.
Doch an einige Mißerfolge erinnere ich mich. Zum Beispiel an diesen.
Es war am 2. September, an meinem zweiten Tag im Büro. Ich saß am Schreibtisch und starrte auf das Telefon. Ich wollte die Straßenbahn anrufen. Ich wollte sie als Auftraggeber haben und mit dem Verkehrsverbund zusammenarbeiten.
Unablässig wiederholte ich vor mir selbst, was ich dem Werbechef sagen würde, wenn ich ihn erreichte. Was er sagen würde und was ich wiederum darauf antworten würde.
Ich wußte, daß ich anrufen mußte. Es würde ein Sieg über mich selbst werden. Und so rief ich an.
Ich erzählte dem Werbechef, daß ich Aphasie gehabt hätte und was das bedeutete. Es war wichtig, daß ich das tat. Das schaffte Vertrauen. Ich spielte mit offenen Karten.
Wir trafen uns, und ich unterbreitete ihm im einzelnen, wie die

Werbung für den Verkehrsverbund meiner Meinung nach aussehen müßte. Er wolle darüber nachdenken, sagte er.

Einige Monate später sprach er mit einem neuen Mitarbeiter über Werbung. Da erinnerte er sich an unser Gespräch, rief an und schlug vor, daß ich bei einer Sitzung dabeisein sollte.
Diese Sitzung war kein Sieg für mich. Der Werbechef eröffnete sie mit der Aufforderung an mich zu wiederholen, was wir seinerzeit besprochen hatten.
Da geschah etwas, was mir zuweilen passierte und vielleicht auf Unsicherheit beruhte. Oder vielleicht auch darauf, daß das Gehirn noch nicht wieder ganz in Ordnung war.
Ich hatte nicht einen Gedanken im Kopf. Er war völlig leer. Nicht ein einziges Wort konnte ich sagen. Ich wußte nicht, wie ich anfangen sollte. Konnte keine Zusammenfassung machen.
Die Stille rund um den Tisch schwoll zu einem Brausen an. Es wurde lauter und lauter, bis ich glaubte, der Kopf würde mir zerspringen.
Mehrere Minuten schienen zu vergehen. Dann nahm der Werbechef das Wort. Er faßte zusammen, was wir besprochen hatten.
Einige Jahre später, als wir viel zusammengearbeitet hatten und einander gut kannten, erwähnte ich diesen Vorfall.
Er erinnerte sich an nichts! Das sagte er nicht aus Höflichkeit. Ich sah, daß er die Wahrheit sprach. Er hatte es damals gar nicht richtig zur Kenntnis genommen.

Während ich schreibe, erinnere ich mich. An Sitzungen, bei denen ich mich schlecht ausgedrückt hatte und mit rotem Kopf erklären mußte, was ich eigentlich meinte. An andere Gelegenheiten, bei denen ich vor einer größeren Gruppe sprechen mußte und steckenblieb oder Mühe hatte, auf ein Wort zu kommen.
Die ersten Male war es peinlich. Allmählich aber entdeckte ich, daß es gar nicht soviel ausmachte. Eher im Gegenteil! Es war eine gute Methode, Zuhörer wirklich zum Zuhören zu bringen. Und alle waren sehr hilfsbereit. Ich glaube nicht, daß irgend jemand meine Schwierigkeiten als Handicap auffaßte.
Heute fürchte ich mich weniger, vor vielen Menschen zu sprechen, als ich es tat, bevor ich die Wörter verlor.

65

September 1976
*Wenn ich fernsehe, habe ich immer noch Mühe, die Textzeilen zu lesen, während ich den Ton höre. Oft kann ich der Handlung in einem Film nicht folgen. Wenn die Sprache Englisch ist, versuche ich, den Text zu übersehen und lieber zuzuhören. Ich merke, daß es besser geht, wenn ich den Text laut lese. Aber es ist schwer mitzukommen.**
Schreiben macht mir eine unsägliche Freude. Ich glaube beinahe, selbst wenn die Wörter nicht ebenso schnell wie früher kommen, bin ich heute oft glücklicher über das Ergebnis.

66

Im Herbst 1976 arbeitete ich langsamer als früher. Deshalb war ich gezwungen, viel mehr Stunden zu arbeiten, als ich auf den Zeitabrechnungen angeben konnte. Ich hatte also eine viel größere Arbeitslast als früher, konnte aber mit niemandem darüber sprechen.
Ich war mir meiner selbst nicht sicher und mußte mir so viele Beweise wie möglich dafür holen, daß ich meine Arbeit weiterhin schaffte.
Um ein guter Texter zu sein, obgleich man wortblind ist, obgleich man Zahlen nicht richtig schreiben kann und obgleich man schlecht spricht, muß man bereit sein, mehr als sieben und eine halbe Stunde täglich zu arbeiten. Das sah ich ein. Da ich nicht als behindert gelten wollte, hatte ich keinen Grund, mich zu beklagen.
Werbetexte zu schreiben, ging gut. Zwar ging es langsam, weil ich sie immer wieder umschrieb. Aber ich hatte mir auch eine andere Arbeitsweise angewöhnt. Ich nahm mir mehr Zeit und stellte höhere Anforderungen als früher.
Aber Werbetexte zu schreiben, ist nur ein sehr kleiner Teil der Arbeit eines Texters. Ein großer Teil der Arbeitszeit geht dafür drauf, mit den anderen in der Arbeitsgruppe, mit dem Projektleiter und mit dem Grafiker zu diskutieren.
In einer Werbeagentur ist Zusammenarbeit eine heilige Kuh.

* In Schweden werden viele ausländische Filme in Originalfassung mit schwedischen Untertiteln gesendet.

Ich hatte Mühe, mich zu konzentrieren, wenn ich nicht allein war. Es fiel mir auch leichter, Gedanken zu formulieren, wenn ich sie in die Maschine tippen konnte.

Ich war zu einer anderen Einstellung zur Kommunikation gekommen. Da ich selbst nicht mehr so leicht lesen konnte, war ich viel skeptischer gegenüber den Möglichkeiten der Werbung, überhaupt gelesen zu werden. Ich erkannte, daß Werbung klar, einfach und viel mehr auf das gerichtet sein muß, wofür der Leser sich interessiert.
Das sind keine neuen Gedanken, aber es sind Regeln, gegen die man oft verstößt, weil man bestrebt ist, originell zu sein. Ich war mehr auf der Hut vor solchen Fallen, seitdem ich selbst ein schwer zu fesselnder Leser geworden war.
Es scheint fast, daß ich alles allein machte und gar nicht von meinen Arbeitskollegen abhängig war. Im Gegenteil! Bevor ich krank wurde, hatte ich meine Schwingen meistens mit eigener Kraft bewegt. Ich hatte allein fliegen gelernt, und meine eigenen Flügel reichten mir.
Jetzt lag ich da, flügellahm. Um wieder Luft unter die Schwingen zu bekommen, mußte ich hochgezogen werden. Ohne die positive Einstellung der Umgebung hätte ich es nicht geschafft, von neuem zu starten.
Und keiner in meiner Arbeitsgruppe nahm es übel, wenn ich in Ruhe gelassen werden wollte.

67

Frühjahr 1977
Ist es vielleicht so, daß ich Mitteilungen nicht in gleicher Weise aufnehme wie früher? Manchmal sitze ich nur da und höre zu, ohne über das Gesagte nachzudenken. Manchmal schreibe ich bei Interviews auf, was gesagt wird, nehme es aber erst richtig zur Kenntnis, wenn ich es später lese. Bis dahin sind es nur leere Wörter. Das ist sehr deprimierend. Aber Übung nützt vielleicht. Tut sie das wirklich?

Manchmal funktionierte ich wie ein Bandgerät. Ich glaube, dann war ich sehr müde. Ich arbeitete mehr als normal, um meine Aufträge zu schaffen, und sehr viel konzentrierter. Das »Bandgerät« war wohl ein Schutzmechanismus. Wenn das Gehirn müde wurde, stellte es einige seiner Funktionen einfach ab. Ich notierte, aber es war mir nicht bewußt, was ich notierte. Trotzdem wurde das ganze Interview in meinem Gehirn gespeichert. Ich wußte später, was gesagt worden war, selbst wenn ich nur Stichwörter notiert hatte. Und soweit ich mich erinnern kann, machte ich keine Fehler. Die interviewten Personen waren hinterher mit allem, was sie gesagt haben sollten, einverstanden.

68

Frühjahr 1977
Bei Streitereien ziehe ich jetzt immer den kürzeren. Ich glaube, daß ich nie sehr schlagfertig war. Aber jetzt argumentiere ich ausgesprochen schlecht. Ich sage plumpe, dumme Sachen. Es scheint, daß ich mich nicht zurückhalten und nachdenken kann, um klügere Dinge zu sagen. Denn dann verliere ich den Faden. Trotzdem ist alles in meinem Kopf, ebenso klar wie früher. Ich habe Gedanken, die ich nicht einmal früher denken konnte, aber ich bekomme sie nicht heraus. Ich muß meine Gedanken für mich behalten. Was nützen sie dann! Nur für mich allein haben sie keinen Wert.

Ich habe gelesen, daß Aphasie-Kranke oft entweder aggressiv oder sentimental werden. Vielleicht war ich mehr aggressiv.
Es ist nicht verwunderlich, daß man aggressiv wird. Selbst wenn es zum Beispiel gelingt, das letzte Wort zu haben, kann man sich nicht unbedingt darauf verlassen, daß es das Wort ist, das man sagen wollte.
In der Regel hatte ich mehr Mühe, auf Wörter zu kommen, wenn ich aufgeregt war. In einem Film oder Theaterstück wartet der »Angreifer« immer hübsch die treffende Antwort des Gegners ab. So ist es im wirklichen Leben nicht. Da pflegt der Bösewicht die Tür hinter sich zuzuknallen, während man zurückbleibt und vor Wut mit dem Fuß aufstampft.
Sprechschwierigkeiten waren schlimmer als zugeknallte Türen. Da ich bei Diskussionen nicht mehr so gut abschnitt, begann ich, Kraftausdrücke zu gebrauchen. Sie kamen offenbar mühelos, und sie klangen scheußlich.

Ich kann mich nicht erinnern, daß es mit Kollegen, mit denen ich für gewöhnlich in der Werbeagentur zu tun hatte, zu irgend-

welchen Kontroversen kam. Sie waren alle nett und vernünftig.
Aber es gab einen, mit dem die meisten nur ungern zusammenarbeiteten. Er war sehr tüchtig und hatte viele gute Kampagnen gemacht. Aber er war rücksichtslos, wenn es darum ging, die Leistungen anderer zu beurteilen. Er konnte Menschen so herunterputzen, daß sie ihre Arbeit dann wirklich schlecht machten.
Sie veränderten sich, wenn sie vor ihm standen. Wurden ganz klein und benahmen sich wie hypnotisierte Ratten.
Da ich seine Arbeit bewunderte, wollte ich bei einem Projekt gern mit ihm zusammenarbeiten, und das durfte ich.
Ich landete weich in der Arena, fest entschlossen, mich durch seine überlegene Art nicht beirren zu lassen. Fing vorsichtig an und überließ ihm die Initiative. Kein Angriff.
Dann gingen die Ansichten auseinander.
Ich merkte, daß die Luft zitterte, hatte aber keine Angst. Im Gegenteil. Ich fand, daß ich die Situation beherrschte. Ich rollte das rote Tuch der Aufrichtigkeit aus und kam näher und näher.
Nun, dachte ich, nun geht die Bestie zum Angriff vor, reckt den Kopf, stößt ein fürchterliches Gebrüll aus und spießt mich auf die Hörner, wenn ich nicht sofort pariere.
Doch der Angriff blieb aus. Es wurde nur ein kleiner Stoß. Aber der traf mich mitten in meine empfindlichste Stelle.
»Hörst du, wie du redest?« fragte er.
Zum Teufel auch!

69

Während ich krankgeschrieben war, hatte ich viel Zeit zum Nachdenken gehabt. Zum erstenmal seit Jahren brauchte ich mir nicht den Kopf über Werbung zu zerbrechen.
Wenn man mit Werbung zu tun hat, wird man leicht von ihr aufgesogen. Überall trifft man auf sie. Man kann nicht in die Stadt gehen, ohne mit sich selbst oder mit anderen in eine Diskussion zu geraten. Über Plakate, die man sieht, über Reklame an den Straßenbahnwagen oder darüber, was die Geschäfte aus den Schaufenstern machen. Man kann keine Zeitung aufschlagen, ohne die Anzeigen zu betrachten und zu überlegen, ob sie die Chance haben, beim Leser anzukommen.

Als ich krankgeschrieben war, gewann ich Abstand zu meiner Arbeit. Ich sah, wie sie mich aufgesogen hatte.
Früher einmal war ich sehr wissenshungrig gewesen. Ich hatte »Erzähler aus aller Welt« gelesen und so die großen Schriftsteller kennengelernt. Dann verschwand diese wunderbare Zeitschrift, und ich trat in die Werbewelt ein. Ich las einen Teil der neu erschienenen Bücher neuer Autoren, hatte aber die alten, die ich so sehr bewundert hatte, beinahe vergessen.
Im Bücherregal standen die Halbfranzbände mit Schriften der großen Philosophen. Diese Bücher hatte ich auf Abzahlung gekauft, als ich am ärmsten war. Im Sommer 1977 holte ich sie wieder hervor. Bei Rousseau, der mein Idol gewesen war, hatte ich die Worte über den Menschen, der frei geboren und Herr seiner selbst ist, unterstrichen.
Jetzt hätte ich beinahe die Fähigkeit eingebüßt, solche Dinge wieder zu lesen. Erst wenn man sie fast verloren hat, erkennt man, was eine solche Fähigkeit wert ist.
Ich entschloß mich, an der Universität Literaturwissenschaft zu belegen.
Noch nie hatte ich an der Universität gehört, wußte also nicht, was mich dort erwartete. Mit zitternden Knien ging ich zur ersten Vorlesung. Wenn ich nun aufgefordert würde, laut zu lesen? Damit klappte es immer noch schlecht. Und wenn ich eine Frage gestellt bekäme, auf die ich nicht antworten könnte?
Ich hatte großen Respekt vor den Menschen, denen ich nun begegnete. Hielt sie alle für Akademiker, zu Hause in einer Welt, die sich völlig von der Werbewelt unterschied.
Drei Stunden am Tag müsse man arbeiten, um mitzukommen, hatte der Studiengangleiter gesagt. Drei Stunden täglich saß ich jetzt über Homer, Eliot und Strindberg.
Das war wie ein reinigendes Bad. Ein Erlebnis, das den nächsten beiden Jahren einen ganz neuen Inhalt gab.

Erst nach mehreren Malen wagte ich, mich an den Diskussionen zu beteiligen.
An eine Teilnehmerin erinnere ich mich besonders. Sie saß im Rollstuhl, und das Sprechen fiel ihr schwer. Vor der ersten Vorlesung hatte ich gehört, wie sie ihre Nachbarin bat, Notizen für sie zu machen. Selbst konnte sie nicht schreiben.
Sie war eine der wenigen, die es wagten, den Vortragenden zu unterbrechen und Fragen zu stellen. Sie wagte es, obgleich sie

Mühe hatte, sich auszudrücken, und obgleich sie dafür viel Zeit brauchte. Vor jedem Wort mußte sie eine Pause machen.
Die Fragen, die sie stellte, waren interessant.
Kürzlich erfuhr ich, daß sie taub ist. Darum standen die Vortragenden immer ihr zugewandt und sprachen so, daß sie ihnen alles von den Lippen ablesen konnte!

70

November 1977
Ich versuche, den anderen die Vorzüge von »Craft«-Sportkleidung zu erklären. Wie atmungsaktiv der Stoff ist und was im Körper vorgeht, wenn er sich bewegt. Ich höre, wie verkrampft es klingt, wenn ich aufzeigen will, wie das funktioniert und warum man es nicht so sagen kann, wie der Kunde meint. Björn ist verwirrt. Daraus könne man nicht klug werden, sagt er. Immer öfter merke ich, daß die anderen nicht verstehen, was ich sagen will. Ich komme mir vor wie eine Spieldose, die gewisse Zacken verloren hat und nun keine ganze Melodie mehr zustandebringt.

Schon bevor ich krank wurde, fand ich es leichter, zu schreiben als zu sprechen. Wenn man schreibt, kann man jedes Wort abwägen. Man wird nicht von irgend jemand unterbrochen, der zeigen will, daß er verstanden hat, und das Gespräch vielleicht in eine andere Spur lenkt. Man kann sich konzentrieren, und man kann kontrollieren, ob man sich so klar und deutlich ausgedrückt hat, daß es keinerlei Mißverständnisse geben wird.

Meine Tagebuchnotiz beschreibt das Problem, sehr abstrakte Darstellungen in eine Sprache zu übersetzen, die alle Menschen verstehen. Das vom Kunden gelieferte Material bestand vorwiegend aus Zahlen und Diagrammen und war schwer in den Griff zu bekommen.
Ich fühlte mich überfordert, als ich den anderen in der Arbeitsgruppe erläutern sollte, wie ich das Problem auffaßte. Und wie üblich schob ich es auf meine Aphasie, als sie mich nicht verstanden.
Ich wurde immer besser fertig, wenn ich schreiben durfte.

71

Im Herbst 1977 bekam die Werbeagentur einen neuen Konzernchef. Er kam im November aus dem Stockholmer Hauptbüro herüber, um die Mitarbeiter im Göteborger Büro kennenzulernen.
Es wurde eine Party im Lunchraum angesetzt.
Ich habe Partys immer gräßlich gefunden. Man steht herum, in der einen Hand ein Glas, in der anderen ein Häppchen, und gibt sich Mühe, heiter auszusehen. Die Unterhaltung soll dem Häppchen gleichen: klein, hübsch garniert und leicht zu kauen, damit sie nicht belastend ist.
Trotzdem ging ich hin. Ich wollte wissen, wie der Chef aussah. Vielleicht fand ich es unhöflich wegzubleiben. Vielleicht wollte ich auch ein Glas Sherry haben.
Der neue Konzernchef war Amerikaner. Er konnte kein Wort Schwedisch.
Als ich den Lunchraum betrat, kam einer der Direktoren auf mich zu, nahm mich beim Arm und sagte, er wolle mich vorstellen.
Ich erstarrte. Wenn nun dieser Amerikaner, der kein Schwedisch konnte, mit mir über die üblichen Phrasen hinaus plaudern wollte! Ich würde nicht antworten und nicht einmal erklären können, warum. Wenn es etwas gibt, über das man auf Partys nicht redet, dann sind es Krankheiten. Und im übrigen hätte ich es auch nicht geschafft.
Es gab nur eins: Ich mußte mich weigern mitzukommen. Sagen, wie es war. Daß ich dem nicht gewachsen sei.
Dann stand ich da, traurig, elend und jämmerlich. Ich versuchte, ein wenig mit den anderen aus dem Büro zu plaudern, während ich mich langsam zur Tür hin zurückzog. Als ich sie erreicht hatte, schlich ich hinaus und in mein Zimmer.
Da saß Roy, der Art Director, mit dem ich zusammenarbeitete. Ich sank auf einen Stuhl und beschrieb, wie mir zumute war. Und er, der lieber gearbeitet hatte, als an der Party teilzunehmen, sagte:
»Warum ist es so schlimm, daß du nicht Englisch sprechen kannst? Genügt es nicht, daß du Werbekampagnen machen kannst? Muß man auch noch Englisch können, um gut zu sein?«

72

Die rechte Gehirnhälfte ist der linken überlegen, wenn es gilt, Bilder und Farben aufzunehmen.
Es ist ein hübscher Gedanke für mich, daß ich jetzt mehr Nutzen von der rechten Hälfte habe. Daß sie eine Chance bekam, sich auszubilden, während die linke Hälfte unpäßlich war.
Mit großer Genugtuung bilde ich mir ein, daß mein Sinn für Bilder geschärft worden ist. Früher war es so, daß ich zuerst in Wörtern dachte. Nun denke ich ebensooft in Bildern.
Es gibt ein Bild, daß man jetzt auf allen Bussen und Straßenbahnen in Göteborg und Umgebung sehen kann. Das hat, meine ich, meine rechte Gehirnhälfte geschaffen.
Göteborgs Verkehrsverbund wollte seinen Fahrgästen klarmachen, wie die neuen Tarife zusammenhängen. Rechenschaft darüber abzulegen, was die verschiedenen Zoneneinteilungen bedeuten, was es kostet, in jeder einzelnen Zone und von einer Zone in die andere zu fahren – und so weiter –, hätte sehr ausführlich beschrieben werden müssen. Das leistete meine linke Gehirnhälfte nicht. Es wurde so kompliziert und so langweilig, daß kaum jemand Lust haben würde, es zu lesen.
Da trat die rechte Hälfte auf den Plan. Sie schuf ein Bild in verschiedenen Farben. Es wurde zum Symbol und zum Emblem auf der Monatskarte. Vielleicht wäre ich nicht darauf gekommen, wenn ich nicht Aphasie gehabt hätte.

Viel später nahm ich an einem Seminar teil. Gleich zu Beginn wurden wir gebeten, die Hände zu falten. Dann fragte man uns, welcher Daumen zuoberst liege.
Die Vortragende sprach von den beiden Gehirnhälften. Das es einen Machtkampf zwischen ihnen gebe und daß die eine unsere Persönlichkeit mehr steuere als die andere. Wer den linken Daumen beim Händefalten oben habe, werde von der rechten Hälfte beherrscht, sagte sie. Und umgekehrt.
Die rechte Gehirnhälfte ist empfindsam und denkt intuitiv, die linke ist wortbewußt und denkt analytisch.
Wenn ich die Hände falte, liegt mein linker Daumen oben. Ich bin also empfindsam und denke intuitiv.
Natürlich war das vor allem ein Trick, um das Publikum zu aktivieren.
Aber trotzdem hätte ich gern gewußt, ob mein linker Daumen beim Händefalten schon oben lag, ehe ich Aphasie bekam!

73

Frühjahr 1978
Ich sah eine Fernsehsendung über Kommunikation. Alle Beteiligten, den französischen Dichter vielleicht ausgenommen, schienen übereinstimmend zu meinen, daß es das klügste sei, niemanden in die innersten Winkel der Seele hineinsehen zu lassen. Wer sein Innerstes vor einem anderen Menschen offenlegt, riskiert eins von zwei Dingen: Er enthüllt entweder ein Inneres, das ein anderer nicht verträgt – und wird dadurch einsam. Oder er enthüllt eine Leere, aus der nichts mehr zu holen ist – und die Beziehung löst sich auf.
Wie schlecht nutzen wir in einem solchen Fall unsere Fähigkeit, miteinander zu sprechen! Statt sie zu gebrauchen, müssen wir einen Umweg machen, um zu erfahren, wie es in anderen Menschen aussieht. Wir müssen Bücher lesen. In der guten Literatur werden die Menschen so dargestellt, wie sie wirklich sind, während die Wirklichkeit eine einzige große Theatervorstellung bleibt.
Dichtung kann wahrhaftiger sein als die Wirklichkeit.
Ich glaube, es ist so: Wenn man sich und seine Fehler anderen Menschen preisgibt, wird die Umgebung stärker. Man riskiert, seine Macht zu verlieren.
Eine Sozialarbeiterin, die es fertigbringt, mit ihrem Klienten über ihre persönlichen Erfahrungen zu sprechen, gibt preis, daß auch sie nicht mustergültig ist. Sie hebt damit den Ratsuchenden auf ihr eigenes Niveau, und es kommt zu einem Gespräch unter Gleichen. Sie wagt es, ihn zu ihresgleichen zu machen, aber verliert damit ihre Macht. Statt dessen gibt sie etwas von ihrer Stärke ab. Der Ratsuchende verläßt die Sprechstunde der Sozialarbeiterin gestärkt. Er empfindet sich nicht mehr als der Versager, der er zu sein glaubte, als er zu ihr ging.
Ich spüre, daß in der Kommunikation der Menschen miteinander so unendlich viele Möglichkeiten liegen. Aber wir beachten sie nicht genügend.

74

Als ich mich zu dem Versuch entschloß, dieses Buch zu schreiben, wollte ich die Aphasie-Pädagogin Stina Linell anrufen. Sie hatte mich nämlich schon mehrmals zum Schreiben ermuntert.

Ich hatte zwar die Telefonnummer der Aphasie-Sprechstunde beim Sahlgrenska-Krankenhaus, aber Stinas Sprechstunde findet nicht dort statt, sondern irgendwoanders in der Stadt. Ich sah im Telefonbuch unter »Krankenpflegeverwaltung in Göteborg« nach. Dort sind alle Krankenhäuser, Kliniken und so weiter angegeben. Aber nirgends fand ich die Nummer, die ich suchte. Auf derselben Telefonbuchseite stand mit großen Buchstaben: »Auskunft: rund um die Uhr geöffnet.«
Dort rief ich an und fragte nach der Nummer von Stina Linell in der Aphasie-Sprechstunde.
»Was meinst du, mit wem du hier verbunden bist?« war die Antwort.
Ich war mir nicht sicher, ob ich richtig gewählt hatte, und erwiderte arglos:
»Mit der Krankenpflege-Auskunft ...«
»Meinst du, wir sind eine Telefonvermittlung?«
Sicher hatte die Telefonistin noch nie etwas von Aphasie gehört. Sonst hätte sie gewußt, daß am anderen Ende der Leitung ein Mensch war, der vielleicht nicht gut antworten konnte. Der vielleicht ziemlich lange gebraucht hatte, Mut zu fassen, bevor er die Nummer wählte. Dann hätte sie wohl geantwortet, daß ich doch beim Sahlgrenska anrufen könnte, um nach der Nummer zu fragen.
Auf meine Frage bekam ich zwei Fragen zurück. Dadurch machte die Telefonistin mich zum Objekt. Sie war das Subjekt. Ich sollte ihr antworten, nicht sie mir.
So gehen wir oft mit der Sprache um.

75

Wer lesen kann, braucht nicht einsam zu sein. 1979 meldete ich mich zu einem Kursus in Geschichte der Philosophie und der Wissenschaftslehre an.
Es war wunderbar, von den Menschen zu lesen, die Wegbereiter der Entwicklung unseres Denkens waren, und an ihren Gedanken teilzuhaben. Es war eine Reise durch die Epochen, und ich war in jede Zeit verliebt. Welche heute lebenden Männer können es mit denen aufnehmen, denen ich hier begegnete? Ich hatte Jahrtausende zur Wahl und konnte das für mich Interessanteste herauspicken.

Die ersten, denen ich begegnete, hatten gerade gelernt, die Wörter zu gebrauchen. Sprache hatte es schon seit Tausenden von Jahren gegeben. Aber es waren diese Männer, die sie zur Kunst erhoben. Sie spielten mit den Wörtern und nannten das Rhetorik.
Sie polemisierten miteinander, ungeachtet der Zeit, die zwischen ihnen lag. Ich lauschte ihrem Wortstreit.
Protagoras: »Es gibt keine allgemeingültige Wissenschaft. Jeder sieht die Dinge aus seinem eigenen Gesichtswinkel, und die Ansicht des einen kann ebenso richtig sein wie die des anderen.«
Platon: »Wenn das so ist, Protagoras, gilt das auch für deine Behauptung. Wer das Gegenteil behauptet, hat auch recht.«
Euklid: »Ein Mensch sagt: ›Ich lüge!‹ Lügt er, oder sagt er die Wahrheit? Er lügt. Also sagt er die Wahrheit. Er sagt die Wahrheit? Also lügt er.«
So spielten sie mit den Wörtern.

76

Für alles Geld dieser Welt würde ich meine Freude am Schreiben nicht hergeben.
Meine Schreibmaschine ist meine Vertraute. Mit ihr spreche ich über Dinge, die ich keinem anderen sage. Ich schreibe meinen Ärger herunter. Ich schreibe, wenn ich traurig bin. Und ich schreibe mich an eine Lösung heran, wenn ich ein Problem habe. Außerdem habe ich die Möglichkeit, mich mit Schreiben zu ernähren. Vielleicht, weil es so wenige gibt, die zu schreiben wagen.
Ich erinnere mich an eine kleine Geschichte von Bengt Anderberg. Sie erschien vor einigen Jahren in einer Abendzeitung. Anderberg berichtete darin von einem Erlebnis, das er eines Morgens auf der Plantagegatan gehabt hatte.
Es war kurz bevor »Systemet« öffnete.*
Vor der Tür warteten einige »alte Knaben« aus dem Viertel. Einer von ihnen trat an Anderberg heran und fragte, ob er eine Krone für eine Tasse Kaffee entbehren könne.
Anderberg kramte in seiner Tasche und holte einige Scheine

* Wein- und Spirituosenhandlung; ein Laden von »Systembolaget«, der staatlichen Monopolgesellschaft.

und eine Handvoll Münzen heraus. Es wurden fast 30 Kronen. Die gab er dem Mann.
Anderberg, der selbst Probleme mit dem Alkohol hatte, schilderte, wie ihm zumute war, als der Mann ihm dankte. Es sei nur eine einzige Sache, die ihn von diesen Männern unterscheide, schrieb er. Er habe ein Talent. Ohne das hätte er vielleicht selbst vor »Systemet« gestanden und gebettelt. Er habe ohne eigenes Zutun eine Gabe bekommen, die ihm erlaubte, trotz des Alkoholproblems ein anständiges Leben zu führen. Er brauchte sich nicht zu demütigen. Er wurde respektiert und geschätzt. Denn er hatte ein Talent. Er konnte schreiben.

Immer noch werde ich wütend, wenn ich in den Aufsatzheften meiner Kinder blättere. Wütend über die roten Randbemerkungen der Lehrer und die Änderungen, die einen Satz korrekt, aber leblos machen. Und vielleicht die Lust nehmen, weiterzuschreiben.
Die Lehrer haben viele verkorkste Schreiber auf dem Gewissen.
Ich kenne einen Hafenarbeiter, der zufällig in der Nähe war, als am Hafen ein Kran auf einen Lastwagen auffuhr. Oder vielleicht war es umgekehrt.
Er suchte mich in meiner Eigenschaft als »Berufsschreiberin« auf. Er hatte einen Vordruck bekommen und bat mich zu formulieren, was er hineinschreiben sollte.
»Ich habe den Unfall nicht gesehen«, sagte er. »Ich weiß nicht genau, wie er passiert ist, und will deshalb nicht aussagen.«
Ich nahm das Formular und schrieb hinein: »Ich habe den Unfall nicht gesehen. Ich weiß nicht genau, wie er passiert ist, und will deshalb nicht aussagen.«
»Kann man das schreiben?« fragte er. »An eine Behörde?«
Ich glaube nicht, daß ich ihm beibrachte, wie man an Behörden schreibt. Das nächstemal wird er ebenso hilflos sein. Die Rotstifte haben seine Fähigkeit, sich mitzuteilen, gemindert. Er schafft es nicht zu schreiben, was er sagen möchte, bevor die Angst vor der richtigen Form ihm das unmöglich macht.
Ich bin meiner Grundschullehrerin dankbar. Sie ermunterte mich, meine eigene Sprache zu gebrauchen, und ließ die Regeln dort, wo sie hingehörten: in den Rechtschreibbüchern.

77

Es sollte ein Buch über Aphasie werden. Aber es wurde ein Buch, das vielleicht ebensoviel von der Bedeutung der Sprache handelt – für uns alle.
Das meine ich jedenfalls jetzt, während ich auf der Treppe meiner Kate sitze und noch einmal durchlese, was ich geschrieben habe.
Wer keine Sprache hat, ist immer dem unterlegen, der sie hat. Materielles Wohlergehen kann niemals die Befähigung aufwiegen, anderen mitzuteilen, was man denkt und fühlt.
Das lernte ich, als ich Aphasie hatte.
Ich denke an einen griechischen Philosophen, der um 400 vor Christus lebte und Aristippos hieß. Er war reich, und er war gelehrt. Gewiß schätzte er den Reichtum, weil er ihm manche Vorteile bescherte, die er zu nutzen wußte. Aber die Fähigkeit, sich Wissen anzueignen und es zu vermitteln, war für ihn noch viel wertvoller. Es war seine Sprache, aus der er seine Sicherheit bezog, nicht der äußere Glanz und Reichtum.
Um das zu beweisen, vergnügte Aristippos sich damit, sich in Lumpen zu kleiden. Er ging unters Volk und gab sich als Bettler aus. Dann begann er zu reden und zu enthüllen, wie falsch man ihn beurteilt hatte. Er wußte, daß man ihm mit Respekt begegnen würde, sobald er zu sprechen anfinge. Deshalb blieb er immer derselbe. Immer gleich sicher, ob er im festlichen Gewand oder im zerlumpten Mantel auftrat.
Die Sprache ist wichtig für das Selbstgefühl.
Als ich meine Sprache verlor, verlor ich auch meine Sicherheit. Da mir die Wörter fehlten, konnte ich mich nicht differenziert ausdrücken. Wenn ich sprach, wirkte ich wie jemand, der auch nicht differenziert denkt.
Ich hatte nicht die Möglichkeit, das zu ändern. Ich mußte mich damit abfinden, daß ich von anderen Menschen – besonders von denen, die mich nicht gut kannten – anders eingeschätzt wurde als früher.
Als ich das merkte, wurde meine Stimme unsicher. Nicht nur meine Sprache veränderte sich also, sondern auch meine Stimme. Ich wurde jemand, der ich nicht sein wollte. Jemand, der ich nicht war.
Von diesem Menschen wollte ich mich befreien.
Nun ist er weg. Ich habe meine Sprache und meine Identität wiederbekommen.

Vieles war einfach Glück. Vieles beruhte darauf, daß wir in uns Kräfte haben, die nur dann zum Vorschein kommen, wenn wir sie wirklich brauchen. Aber vieles hing auch von einer verständnisvollen Umgebung ab.
Ich empfinde eine große Dankbarkeit.

Regine Schneider

Krisen als Chancen

Zur Bewältigung scheinbar auswegloser Situationen

Band 14084

Das Gefühl kennen populäre Spitzensportler ebenso wie stille Angestellte, Models und Politiker ebenso wie Hausfrauen und Mütter: Die Angst, vor einer großen Leere zu stehen, vor Veränderungen, die dazu zwingen, den Lebensplan von einem Tag auf den nächsten völlig umstellen zu müssen, die Angst vor dem Leben »danach«. Der Abschied von einer Sache, mit der man sich völlig identifiziert hat, ob im Beruf oder im privaten, ist sehr schmerzhaft. Dabei geht es einer Monica Seles, die nach der Attacke eines Fanatikers zwei Jahre nicht mehr ihrem Beruf nachgehen konnte, nicht anders als dem Arbeitnehmer vor dem Ruhestand, einer prominenten Mutter wie Isabel Allende nach dem Tod ihrer Tochter nicht anders, als dem, der nach langjähriger Partnerschaft plötzlich allein ist: Was tun, wenn das alte Leben unwiderruflich vorbei ist und das neue noch nicht begonnen hat? Regine Schneider zeigt, daß die Angst vor einem Neuanfang ganz verständlich ist. Entscheidend aber ist, diese Angst anzunehmen und zu überwinden.

Fischer Taschenbuch Verlag

fi 260 / 10

Regine Schneider

Gefühle lügen nicht

Die Intelligenz der Emotionen

Band 14628

Nach jahrzehntelanger IQ-Hörigkeit, die sich allein am meßbaren Wissen ausrichtete, ist nun die ›Intelligenz der Gefühle‹ zu entdecken. Denn die Belastungen des Alltags, Wut, Streß, Aggressionen, Angst und Einsamkeit, sind nicht allein über den Verstand zu bewältigen. Hier zählen andere Qualitäten: die Fähigkeit, die eigenen Empfindungen zu verstehen und ihnen gemäß zu handeln; rücksichtsvoll auf andere einzugehen; sich von den eigenen Emotionen führen, aber nicht außer Kontrolle bringen zu lassen.
Der EQ, das Maß emotionaler Intelligenz, bestimmt den sozialen Erfolg, das eigene Lebensglück und den Umgang der Menschen miteinander, denn »seelische Krüppel« gehen schlecht mit sich selbst und anderen um. Regine Schneider setzt sich mit der Intelligenz der Emotionen in aktuellen Lebenssituationen auseinander. Sie zeigt Strategien auf, wie man den besseren Umgang mit sich selbst und anderen lernen kann.

Fischer Taschenbuch Verlag

fi 1745 / 2

Ellen M. Zitzmann

Keine Lust auf Frust

Mehr Lebensfreude gewinnen

Band 14324

Frust ist ein Alltagsphänomen. Er entsteht, wenn unsere Bedürfnisse und Erwartungen nicht so befriedigt werden, wie wir uns dies gewünscht, erträumt, ersehnt haben, wenn wir also gezwungen werden, auf etwas zu verzichten, oder weil wir uns selbst Wünsche versagen. Die Welt wird nie aufhören, uns mit Situationen zu konfrontieren, die wir nicht mögen, die uns Angst machen, in Wut versetzen, die uns belasten. Aber wie gehen wir mit Situationen um, die uns bedrücken?

Dieser Ratgeber leitet uns zum einen dazu an, unseren persönlichen Frust und unsere bisherigen Strategien im Umgang mit Frust zu erkennen. Zum anderen zeigt er uns, wie wir den konstruktiven, kreativen und flexiblen Umgang mit diesem alltäglichen Problem erlernen können.

Fischer Taschenbuch Verlag

fi 1742 / 1

Eva Wlodarek

Mich übersieht keiner mehr

Größere Ausstrahlung gewinnen

Band 14458

Sie wird umschrieben als »ein geheimnisvoller Zauber«, »das gewisse Etwas, das Menschen auf uns aufmerksam macht« oder als »eine Art Harmonie«. Und obwohl sie für jeden im Detail etwas anderes bedeutet, so wissen wir doch alle: Unsere positive Ausstrahlung bestimmt unser Auftreten. Mit ihr steht und fällt unsere Wirkung auf andere, sie ist damit die Voraussetzung für Erfolg in allen Bereichen des Lebens.

Doch wer ist schon richtig glücklich mit seiner Ausstrahlung? Frauen jeder Bildungsstufe, jeder Altersgruppe und jeglichen Aussehens haben Probleme. Sie zweifeln an sich selbst und an ihrer Wirkung auf andere. Sie stellen ihr Licht unter den Scheffel. Sie sind sich ihrer eigenen Wirkung nicht bewußt und reagieren mit Staunen, wenn sie ein positives oder negatives Feedback bekommen.

Die Autorin bietet das psychologische und praktische Know-how, um an der eigenen Ausstrahlung zu arbeiten. In zehn Schritten lernen Sie, Ihre persönliche Ausstrahlung zu entwickeln.

Fischer Taschenbuch Verlag

fi 1741 / 1

Ute Ehrhardt

Gute Mädchen kommen in den Himmel, böse überall hin

Warum Bravsein uns nicht weiterbringt

Band 14751

Dieses Buch hat wie kaum ein anderes für Wirbel gesorgt – und eine wahre Flut von Nachfolgetiteln ausgelöst.
Lassen Sie sich von Ute Ehrhardt sagen, warum es nichts bringt, immer nur rücksichtsvoll zu sein. Sagen Sie »NEIN!« und hauen Sie auf den Putz! Werden Sie aufmüpfig und auch böse – dann kommen Sie überall hin! Dieser amüsante Leitfaden zur Befreiung aus der weiblichen Denkfalle beschreibt einen souveränen Weg hin zu einem erfüllten, selbstbestimmten Leben.
»Frauen müssen lernen, nicht heimlich Dankbarkeit zu erhoffen, sondern klare Gegenleistungen zu fordern. Keine Angst vor Zoff!«

Ute Ehrhardt

Und jeden Tag ein bißchen böser

Das Handbuch zu
›Gute Mädchen kommen in den Himmel, böse überall hin‹

Band 15135

Wie kein anderes Buch hat Ute Ehrhardts »Gute Mädchen kommen in den Himmel, böse überall hin« die Leserinnen mitgerissen. Zuhörerinnen der weit über 150 Lesungen, Teilnehmerinnen in vielen Seminaren und zahlreiche Briefeschreiberinnen wünschten sich von Ute Ehrhardt praktische Hilfen für die konsequente Umsetzung der Ideen ihres Buches in den Alltag. Deshalb das Handbuch: »Und jeden Tag ein bißchen böser«.

Das Handbuch bringt mit kleinen und sicheren Schritten große Veränderungen auf den Weg. Es deckt mit seinen Programmen alle Lebensbereiche ab: Partnerschaft, Familie, Freundschaft, Beruf. Es räumt auf mit allgegenwärtigen Stolpersteinen und immer wiederkehrenden Denkfallen. Es macht Mut, auch eine (scheinbare) Niederlage zu verkraften, weil manches erst im zweiten Anlauf klappt. Es bietet einem ›ziemlich braven‹ Mädchen den passenden Einstieg ins Bösewerden und reizt die recht Bösen, noch einen Schritt weiterzugehen.

Else Müller

Du fühlst die Wunder nur in dir

Autogenes Training und Meditation
in Alltagsbeobachtungen, Aphorismen und Haikus

Band 11692

Das »meditative Tagebuch« umfaßt drei Teile, die gleichermaßen, aber in der Form völlig verschieden, hinführen zu Entspannung und Meditation.
Die Geschichten im ersten Teil *»Stadt, Sein, Sehnsucht. Autogenes Training in Alltags- und Reisebeobachtungen«* ermöglichen eine Sensibilisierung der Wahrnehmung des Selbst und des Lebensumfeldes. Sie bieten Anregungen, neue Ein- und Ansichten zu erlangen und mehr kreative Phantasie für die persönliche Lebensgestaltung und -bewältigung zu entwickeln.
Im zweiten Teil *»Alleinsein mit sich selbst«* sind *»Aphorismen von A bis Z«* als Meditationsvorlagen konzipiert. Die Konzentration auf den Spruch erleichtert das Abschalten vom bedrängenden Alltag, setzt eigene Gedanken und Phantasien frei, führt zu Entspannung und innerer Ruhe.
Der Teil *»Klatschmohn, Kornblume. Augenblicksbeschreibungen, Naturimpressionen«* wurde angeregt durch die japanische Haiku-Dichtung, die ihre Wurzeln im Zen-Buddhismus hat. Die Dreizeiler regen die Phantasie zum Malen bunter, vielfältiger Innenbilder an und dienen als Einstiegshilfe zu einer Meditation.

Fischer Taschenbuch Verlag

fi 84 / 5

Else Müller

Du spürst unter deinen Füßen das Gras

Autogenes Training in Phantasie- und Märchenreisen
Vorlesegeschichten

Band 3325

Streß und psychosomatische Krankheiten wachsen in beängstigender Weise an. Eine Hilfe liegt in der Aktivierung der Selbstheilungskräfte durch das Autogene Training, das die Autorin hier in seinen Grundzügen vorstellt. Es ist als Vorbeugung, Psychohygiene und Therapie außerordentlich wirkungsvoll.
In die in diesem Buch enthaltenen Geschichten, die sich nicht nur zum Vorlesen eignen, wurden Übungen des Autogenen Trainings eingebunden, die in kurzer Zeit zu tiefer Entspannung, Beruhigung und Erholung führen. Tatsächlich haben sich diese Phantasie- und Märchenreisen als wirkungsvolle Einschlafhilfe bei Menschen jeden Alters bewährt.
Die lyrische Sprache der Geschichten dient als Transfer in das Reich der Phantasie und wirkt auch bei allen, die keine Vorkenntnisse in Autogenem Training haben.

Fischer Taschenbuch Verlag

fi 118 / 5

Else Müller

Wege in der Wintersonne

Autogenes Training in Reiseimpressionen

Band 11354

Mit malerischen Beschreibungen von Landschaften und Kulturstätten sowohl verschiedener Urlaubsländer als auch Deutschlands bietet dieses Buch durch die Einbindung von Autogenem Training die Möglichkeit zur Entspannung, zur Abkehr vom hektischen Alltag.

Diese Reisebeschreibungen eignen sich zum Selberlesen und als Vorlesegeschichten, für jüngere und ältere Menschen, für alle Jahreszeiten und Stimmungen. Sie regen die Phantasie an und bereichern so den Fluß eigener innerer Bilder.

Das Sichversenken in diese Reiseeindrücke hilft dabei, die Sinne für eine Weile von der Alltagswelt abzuziehen und zu tiefer Ruhe zu kommen. Die reiche Bildersprache und die bewußt eingesetzten Elemente des Autogenen Trainings tragen dazu bei, Spannungen und Streß nahezu spielerisch abzubauen. Auch als Erinnerung an die eigenen Reisen des Lesers sowie als Anregung zum Träumen können die Texte positive Stimmungen erzeugen, die zur Entspannung beitragen.

Fischer Taschenbuch Verlag

fi 98 / 4